AF248067

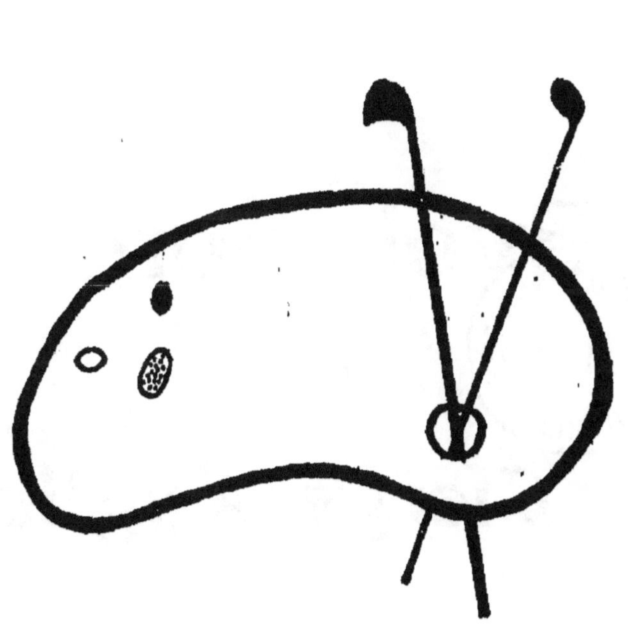

DEBUT D'UNE SERIE DE DOCUMENTS
EN COULEUR

8° R
14946
(401)

SCIENCE ET RELIGION

Études pour le temps présent

Henri BREMOND

L'Évolution

du

Clergé Anglican

BLOUD & Cie

1908

BLOUD & Cⁱᵉ, Éditeurs, 4, rue Madame, PARIS (VIᵉ)

NEWMAN

Essai de biographie psychologique
Par Henri BREMOND

1 volume grand in-16 de X-428 pages

Prix : **3 fr. 50** ; *franco*.................. **4 francs**

Rendant compte du premier volume de la *Pensée Chrétienne* consacré à Newman, un théologien éminent, M. Bainvel, disait que « lorsqu'il s'agit de Newman, pour entendre l'œuvre, il faut connaître la vie intime de l'ouvrier ». M. Bremond aurait pu écrire ces lignes à la première page de son livre. Elles disent exactement ce qu'il a voulu faire. Il s'est proposé en effet de pénétrer, aussi avant que possible, dans la vie intime de Newman. Avec une curiosité que quelques-uns trouveront peut-être excessive, il s'est attaché à surprendre sur le vif le secret de ce grand homme. D'abord un peu inquiété par la libre allure de cette analyse, le lecteur ne tarde pas à s'apercevoir que la gloire de Newman n'a rien à redouter d'une pareille épreuve. La première inquiétude se change en une admiration grandissante quand, arrivé au cœur même de son livre, l'auteur ressuscite, en une série de chapitres, l'histoire spirituelle, la prière, la vie intérieure de son héros. Que ne donnerait-on pour voir une pareille méthode appliquée à un saint Augustin, à un Fénelon, à un Bossuet ! Quand il a ainsi conduit Newman des certitudes de la « première conversion », à la « *visio pacis* » que contemple le chef du mouvement d'Oxford enfin converti au catholicisme, l'auteur n'éprouve plus aucune peine à dégager de cette série d'expériences personnelles, les grands principes de la philosophie religieuse de Newman. M. Bremond ne pouvait mieux terminer le long travail de propagande newmanienne auquel il se dévouait depuis tant d'années. Après avoir groupé et analysé, dans les trois volumes de la *Pensée Chrétienne : Développement du dogme, Psychologie de la Foi, Vie chrétienne*, les textes essentiels où s'exprime la doctrine de Newman, il nous donne enfin cette *biographie psychologique* qui seule peut montrer le vrai sens de cette doctrine et qui est, tout ensemble, une étude très approfondie de psychologie religieuse et une « somme du Newmanisme ».

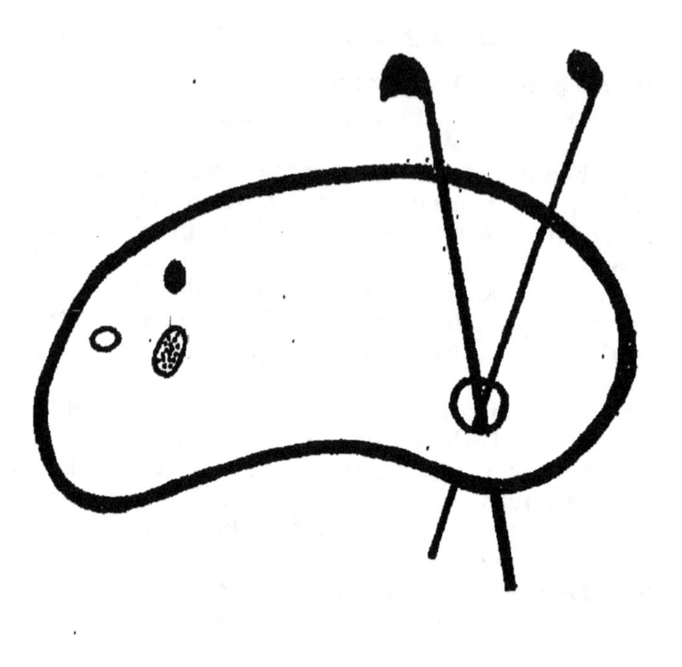

FIN D'UNE SERIE DE DOCUMENTS
EN COULEUR

SCIENCE ET RELIGION

ÉTUDES POUR LE TEMPS PRÉSENT

L'Évolution

du

Clergé Anglican

PAR

Henri BREMOND

PARIS

LIBRAIRIE BLOUD & Cie

4, RUE MADAME, 4

Reproduction et Traduction interdites.

OUVRAGES DU MÊME AUTEUR

Newman. — *Essai de biographie psychologique*. Bloud. 1906.

DANS LA COLLECTION : LA PENSÉE CHRÉTIENNE

Newman. — I. *Le développement du dogme chrétien,*
4ᵉ édit., avec une préface de Mgr MIGNOT.
II. *La psychologie de la Foi.*
III. *La Vie chrétienne.*

L'Inquiétude religieuse, PERRIN.
Ames religieuses, PERRIN.
L'Enfant et la vie, RETAUX.
Thomas More, LECOFFRE.
Le Charme d'Athènes, SANSOT.

AVANT-PROPOS

BIBLIOTHÈQUE NATIONALE — R. F. — IMPRIMÉS

Il faudrait plusieurs volumes pour décrire l'évolution du clergé anglican depuis la conversion de Newman (1845) jusqu'à nos jours, et comme d'ailleurs cette évolution est encore en marche, l'heure d'écrire ces volumes n'a pas sonné. Les deux portraits que je présente au lecteur l'aideront, j'espère, à démêler quelques-unes des tendances dominantes de ces divers mouvements. Ni le doyen Lake, ni J.-R. Green ne sont des personnages de premier plan. Ils reflètent tous deux la pensée de leur époque plutôt qu'ils ne la conduisent. C'est pour cette raison que je les ai choisis. Assez intéressants pour mériter une monographie sérieuse, ils sont, en même temps, assez près de la foule pour que, dans ses grandes lignes, leur évolution personnelle coïncide avec l'évolution du clergé anglican.

L'ÉVOLUTION DU CLERGÉ ANGLICAN

PREMIÈRE PARTIE

L'ASSIMILATION DES PRINCIPES CATHOLIQUES

W.-Ch. Lake (1817-1897).

Un danger assez imprévu menace l'Église anglicane ; une transformation dont manifestement le lent travail remonte loin, mais enfin qui ne s'était pas encore accusée de façon notable, est mise brusquement en évidence et s'impose aux réflexions de tout le pays. Depuis quelques années les statistiques officielles constatent une diminution croissante et relativement considérable dans le recrutement du clergé. Le fait est indiscutable et, sans songer à le nier, les intéressés, évêques et congrès ecclésiastiques, se demandent ce qu'il faut essayer pour arrêter le mal avant qu'il ne soit trop tard. Journaux et revues leur viennent en aide, et pendant de longues semaines, grâce à l'usage anglais qui autorise la collaboration de tous à une discussion pendante, grâce au souci, très anglais aussi, de la chose commune, lettres, directions, lamentations, panacées de toute provenance se sont accumulées dans le débat sous cette rubrique inquiétante : *Dearth of candidates for holy orders*, la grève des vocations (1).

(1) Les publications initiales autour desquelles se groupent les communications sont surtout le *Winchester Diocesan Conference report* et l'enquête lancée par le *Commonwealth*, octobre-novembre 1901. Voir aussi le *Guardian*, le *Pilot* et un article curieux de la *Saturday Review*, 5 octobre 1901.

« L'*Église* n'est plus une carrière, disent les uns, la dîme perd chaque jour de sa valeur, le train de maison se fait trop coûteux, les espérances d'avancement trop incertaines, les subsides pour les vieux jours trop dérisoires. »

« La foi s'en va, disent les autres, et nous ne voyons plus le moyen de signer des formulaires qui pour nous n'ont plus de sens (1). »

« C'est la prose qui vous tue, intervient un autre ; faites donc appel à l'héroïsme des jeunes, proposez-leur hardiment sept ou dix ans de pauvreté, de célibat, d'obéissance ; semez l'enthousiasme et vous récolterez les vocations (2). »

« Permettez-moi, dit un quatrième, de vous indiquer les sept causes de l'état qui nous préoccupe (3)... » et la discussion continue...

Ils ont tous raison. Il semble pourtant qu'entre tant de causes, deux se détachent dont l'action est plus étendue, plus directe et plus efficace. Jusqu'ici le clergé anglican se recrutait d'autant plus facilement que les conditions de cette carrière étaient plus ondoyantes, ses obligations plus vagues, ses responsabilités moins bien définies. Or nous sommes, et l'anglicanisme lui-même, à l'heure des situations nettes. Il y a vingt ans, il n'était pas tout à fait nécessaire de formuler explicitement ses vues sur la divinité du Christ ; aujourd'hui, un incrédule pleinement conscient de sa vraie pensée hésitera fort avant de prendre les ordres et voilà, de ce chef, bon nombre de candidats écartés. L'autre cause est plus consolante pour ceux qui s'intéressent à l'avenir du christianisme en

---

(1) L'évêque de Winchester et le chanoine Scott Holland se refusent à reconnaître l'importance de ce facteur ; j'avoue ne pas pouvoir entrer dans leurs raisons.

(2) *Saturday Review*, 5 octobre 1901. D'ailleurs — et la constatation en est piquante — il ne s'agit pour l'auteur de cet article, que d'un héroïsme provisoire, *for the first seven or ten years*. La même thèse est reprise ailleurs (*Pilot*, 15 février 1902), mais sans adoucissement de ce genre par le révérend Dolling qui a qualité, plus que personne, pour parler d'abnégation et de dévouement.

(3) *Pilot*, 19 octobre 1901.

Angleterre. Il y a moins de ministres parce qu'on se fait aujourd'hui du ministère une idée bien plus sévère, bien plus haute, bien plus parfaite qu'autrefois. Jadis la vie d'un clergyman, même excellent, différait à peine de celle d'un laïque, et les écoles les plus exigeantes ne lui demandaient, en outre d'une correction absolue et du respect de lui-même, qu'un certain air plus religieux que clérical, rien en un mot qui fût de nature à épouvanter un candidat honnête homme et à lui imposer, au seuil du presbytère, une longue et sérieuse réflexion. Tout cela est bien changé. Le *High Churchman* de maintenant se croit prêtre, au sens étroit et rigoureux du mot, et par une contagion inévitable, chez le *Low Churchman* lui-même, bien qu'il garde ses anciennes répugnances contre le *sacerdotalisme,* la conception du ministère ecclésiastique s'est transformée.

Ainsi de quelque côté que l'on vienne et à quelque parti qu'on appartienne, les vocations sont plus rares précisément parce qu'on reconnaît aujourd'hui plus que jamais la nécessité d'une vocation (1).

Ici, comme toujours, la meilleure façon de comprendre le présent est de regarder le passé. Comme tout ce qui vit, le clergé anglican a beaucoup évolué au cours du dernier siècle ; mais, comme tout ce qui est anglais, il a évolué lentement. Voici, fort à propos, un livre important qui nous permet de suivre cette évolution dans l'un des deux camps qui se partagent l'anglicanisme. Avec le doyen de Durham, William-Charles Lake, nous voyons la *Haute Eglise* aller paisiblement de Keble et de Pusey jusqu'à lord Halifax. Le spectacle en vaut la peine, et alors même qu'il ne résumerait pas cinquante ans d'histoire religieuse, nous trouverions encore quelque profit à admirer chez

(1) Ce qui complique singulièrement le problème, c'est qu'il est strictement resserré aux limites de l'Angleterre et de l'Eglise anglicane. En Irlande, — je ne parle évidemment pas du clergé catholique, — en Ecosse et dans les mille sectes anglaises, la diminution de vocations est moins sensible.

un homme sage et grave ce don si rare, fait de générosité, d'intelligence et de franchise, qui consiste à
s'adapter au progrès intérieur d'une idée que l'on croit
juste, et à suivre de toute l'âme les conséquences de
cette idée.

I

Avouons-le dès l'abord, W.-Ch. Lake est un homme
de second plan, mais de tels hommes offrent souvent
un intérêt non certes plus vif, mais plus direct que les
initiateurs eux-mêmes. Pour ceux-ci, en effet, nous
sommes tentés de ne pas les distinguer assez de l'idée
qui s'est incarnée en eux et qui pourtant est bien loin
de les définir. L'homme risque de nous retenir par ce
qu'il a précisément d'original et d'incommunicable,
par cet ensemble de dons singuliers qui lui auraient
attiré des imitateurs et des disciples sur toutes les
routes où il lui aurait plu de marcher. Cela est vrai,
en particulier, du mouvement religieux qui, depuis
soixante-dix ans, travaille l'Eglise d'Angleterre. Il est
tout entier dans Newman, mais Newman est autre
chose que le mouvement d'Oxford. Charles Lake, au
contraire, son disciple, ne nous distraira en aucune
façon de notre étude, et comme le disait un critique,
« en lui on peut suivre les changements qui ont affecté
la vie religieuse d'une portion si considérable du
pays (1) ».

Il a été élevé en pleine légende, ou, pour parler plus
exactement, lui et le groupe de ses condisciples ont
travaillé de toute l'ardeur de leurs jeunes années à la
formation d'une légende qui devait consacrer à tout
jamais dans l'histoire religieuse d'Angleterre le grand
nom du docteur Arnold (2). Quand je parle ici de
légende, je n'entends diminuer en rien la gloire du

(1) *The Academy*, 25 janvier 1901. — Lake, né en 1817, a été nommé
doyen de Durham en 1869, a pris sa retraite en 1894, et est mort en 1897.

(2) Sur Arnold, cf. un article très important de M. Dimnet. *(Revue du Clergé français*, 1er janvier 1900.)

réformateur de Rugby, mais je veux seulement marquer comment se forma autour d'Arnold cette atmosphère d'admiration enthousiaste, de poétique dévouement et de ferveur conquérante, en dehors de laquelle un homme, si méritant qu'il soit, ne peut devenir un héros. Chose vraiment remarquable, il a suffi d'une douzaine d'enfants pour immortaliser la trop courte carrière de l'un des plus fameux éducateurs de ce siècle. Le prestige exercé par lui n'avait pas été soudain. Arnold était *headmaster* déjà depuis deux ou trois ans et Rugby ressemblait encore, à peu près, comme les autres *public schools*, à une « caverne de brigands (1) ». Mais pendant que les amis de Tom Brown méditaient quelque nouvelle sottise, un petit homme se promenait gravement, entouré de quelques camarades, dans les vastes cours. Il s'appelait Arthur Stanley et commençait de façon précoce ce métier de charmeur qu'il devait exercer toute sa vie.

C'était un de ces gentils enfants, d'apparence un peu féminine et qui semblent n'avoir jamais subi que l'influence maternelle. « Il n'y avait aucun jeu dont il sût les règles, nous raconte soixante ans plus tard un contemporain encore indigné, il ne savait pas même lancer une balle aussi bien qu'une petite fille, et quant à sauter (2) !... » Rien en lui d'ailleurs de sentimental, ni même, à proprement parler, de tendre. Il n'eut peut-être dans toute sa vie qu'une seule vraie passion, celle qui l'attacha pour toujours au docteur Arnold. A peine arrivé au collège, il avait été, en effet, conquis par l'intensité de vie que révélaient les moindres paroles de cet homme extraordinaire. L'élite de ses condisciples, Lake, Vaughan et quelques autres, commençait aussi, sans doute, à être subjuguée, mais sans avoir conscience encore de la séduction grandissante. Stan-

(1) Arnold, *Sermons*, t. V, p. 74. Il suffit de se rappeler *Tom Brown* pour voir que le mot n'est pas si fort qu'il le paraît.

(2) Article dans les *Goud words*, octobre 1895, reproduit en partie dans les *Memorials* de Lake, p. 4.

ley les aida à démêler plus vite ce qui se passait en eux, et bientôt, pour cette poignée de fidèles, Arnold devenait le véritable héros, ou, comme dit encore W. Lake, le « premier amour ».

Ce bon doyen Lake a quelque peine à pardonner à Stanley, son meilleur ami d'alors, les excès où les conduisait leur enthousiasme. La petite bande passait toutes les récréations à deviser de choses sérieuses, à commenter la dernière classe du héros, son dernier sermon.

Le cricket avait été jusque-là mon meilleur ami, raconte-t-il mélancoliquement dans ses *Mémoires*, mais, une fois devenu l'intime de Stanley, il me fallut bien renoncer aux jeux. Presque toujours, lui, Charles Vaughan et moi nous passions nos temps libres à nous promener en causant, — grosse sottise que depuis je me suis souvent amèrement reprochée (1).

Lake se rappelait mieux encore, et avec une reconnaissance sans bornes, ce qu'il devait à son maître.

Si on me demande, écrit-il, en quoi consistait la puissance éducatrice d'Arnold et ce qui en lui impressionnait le plus les enfants que nous étions alors, je dirai que tout venait de ce que nous sentions en lui véritablement un grand homme, d'une grande valeur morale unie à des qualités intellectuelles de premier ordre... Dès notre premier contact direct avec lui, nous comprenions que nous avions affaire à un homme fortement religieux, à quelqu'un qui ne ressemblait à aucun de nos autres maîtres et qui voulait notre bien passionnément. Je vois encore le jour où j'éprouvai cela pour la première fois. Dans le *fifth form* (avant-dernière classe) j'avais été paresseux, et mon bon vieil original de professeur ne me cotait guère. Je n'avais vu Arnold de près qu'une fois et pour recevoir une forte punition. Quand je me présentais à mon examen de passage, j'avais de lui une peur terrible. L'examen fut convenable. Arnold me dit gravement : « Maintenant, Lake, je vois que vous pouvez bien faire si vous voulez, et je compte que vous voudrez. » Ces quelques mots m'ont changé de fond en comble et je n'ai plus été paresseux depuis (2).

(1) P. 12.
(2) P. 6-8.

Depuis le beau livre que Stanley a écrit sur Arnold, nous avons pris l'habitude de nous représenter le biographe comme l'héritier par excellence et le témoin de la doctrine de son maître. Lake proteste à maintes reprises, dans ses *Mémoires*, contre cette confusion et n'entend pas que son brillant camarade garde, pour ainsi parler, le monopole d'Arnold. La question est sérieuse. Il ne s'agit de rien moins, en effet, que de déterminer la vraie place d'Arnold dans l'histoire religieuse du siècle dernier. Oui ou non, les libéraux de l'*Eglise large* peuvent-ils se réclamer d'un pareil ancêtre ? Lake soutient expressément que non et ses raisons méritent d'être discutées.

Certes, quand Arnold entra en campagne pour relever cette Eglise anglicane qui lui paraissait mourir d'indifférence, de mondanité et de formalisme, il ne se donna pas le temps de réfléchir assez pour bien savoir où se cachait la source du mal. Pensant que non pas seulement la superstition, mais l'idée même de sacerdoce était pour l'anglicanisme un principe de ruine et de mort, il se lança à corps perdu contre cette idée et avec d'autant plus de violence qu'à ce moment même, Newman et ses amis d'Oxford prétendaient s'appuyer avant tout sur la « succession apostolique » pour leur œuvre de réformation.

En dépit de mille différences entre la théologie assez rudimentaire d'Arnold et celle de Newman, nous n'avons aucune peine aujourd'hui à reconnaître chez ces deux *leaders* l'unité vivante d'une commune inspiration et d'un même esprit. Mais il allait arriver, cette fois encore, que les soldats d'une même cause laisseraient l'ennemi commun, pour s'attaquer réciproquement.

Comme Newman, Arnold combattait pour rendre à l'idée d'*Eglise* son importance trop oubliée, et comme lui encore, et avant lui, il proposait courageusement aux anglicans les exemples de Rome.

Aucun homme sensé, avait-il écrit à cette époque où personne ne pouvait prévoir les futures conversions, aucun homme sensé ne met en doute les imperfections de la Réforme. Rome possède des institutions, des pratiques qu'il y aurait grand avantage à restaurer parmi nous. Le service quotidien, la communion fréquente, les souvenirs de la vocation du chrétien, constamment rappelés par les crucifix ou les oratoires au bord des routes, la commémoration des saints de tous les temps et de tous les pays... les ordres religieux, surtout ceux de femmes (1).

Ne dirait-on pas vraiment, comme le remarque Lake, que cette page a été écrite en 1895, par un ritualiste fervent.

Enfin et surtout — et c'est par là qu'il diffère radicalement du *latitudinaire* — Arnold était le plus déterminé, le plus passionné des croyants. Il, se peut qu'en bonne logique sa théologie manquât souvent de cohésion, mais il adhérait ardemment « aux grandes vérités surnaturelles du christianisme (2) ». Ne pas croire — dans le sens le plus étroit, le plus complet, le plus exclusif de ce mot — ne pas croire au Christ lui paraissait inconciliable avec l'intégrité absolue du caractère et il ne serait jamais arrivé à comprendre comment les libéraux avancés de l'*Église large* peuvent se dire chrétiens.

II

Ce qui vient d'être dit sur l'enseignement d'Arnold nous donne une idée du petit bagage doctrinal que le jeune Ch. Lake apportait à Oxford, quand, en 1835, il fut admis au collège de Balliol. Son âme, naturellement grave et religieuse, était devenue solidement chrétienne au contact d'Arnold, et sa pensée plus froide,

______

(1) Lake, p. 15. Cf. aussi une longue lettre au *Guardian*, p. 278-280. — Remarquons, toutefois, qu'Arnold aurait voulu délivrer les ordres religieux *from the snare and sin of perpetual vows.*

(2) Cf. *ibid.*, p. 280.

plus calme et plus souple que celle de son maître, s'ouvrait toute grande aux doctrines et aux influences
nouvelles qui pourraient corriger ou achever l'enseignement de Rugby. 1835, Oxford, cette date et ce
nom disent assez quelle doctrine allait s'offrir au jeune
homme, quelle influence allait le saisir.

A Balliol, Lake retrouvait l'aimable petit collégien
à qui il avait jadis sacrifié tant de parties de cricket.
Stanley, le *little Stan,* comme on l'appelait alors, sans
avoir beaucoup grandi, commençait à être une façon
de personnage. C'est lui qui le conduisit aux sermons
de Newman, sans se douter de l'effet que cette parole
pourrait avoir sur son ami.

Newman est pour ainsi dire le fondateur de l'Eglise anglicane telle que nous la voyons aujourd'hui — écrira Lake plus
de cinquante ans après, au lendemain de la mort du grand cardinal — c'est lui qui pendant douze ans a eu sur Oxford et sur
l'Eglise d'Angleterre une influence que personne n'a égalée
dans le passé et n'égalera dans l'avenir. C'est à ces douze
années que nous sommes redevables des *principes qui ont*
transformé notre Eglise et qui ne sont pas encore arrivés à
leur plein développement (1).

Trop jeune et surtout trop timide pour prendre
directement part à la campagne tractarienne, Lake
s'abandonna, d'esprit et de cœur, à la direction des
sermons de Saint-Mary's et il s'enrôla tacitement dans
cette armée d'étudiants fervents et fidèles, dont souvent leur chef, timide lui aussi, ne savait pas même
les noms. Essayant de réaliser dans le secret de la vie

---

(1) *Guardian,* 27 août 1890. — Plus tard, à propos d'une nouvelle biographie de Keble où l'on tendait à effacer un peu le rôle de Newman,
Lake protesta dans le *Church Times* : « ... Je ne puis, en vérité, être
surpris à la vue des efforts que l'on fait pour montrer que Newman
n'a pas été, après tout, la *leading force* du mouvement. Mais enfin,
l'histoire est l'histoire : et on ne saurait nier que l'esprit nouveau
qui ébranla dès 1833 l'anglicanisme, dont nous constatons aujourd'hui
les effets et qui doit amener chez nous des modifications plus nombreuses encore et plus importantes peut-être — ne soit venu principa-
lement de Newman. « (Cf. *Memorials,* p. 312.)

intérieure les théories que d'autres adeptes plus en vue
défendent par la plume et par la parole, de pareilles
recrues sont la meilleure force d'un mouvement religieux. Elles le justifient, le modèrent, le contrôlent,
et au moment où les clairvoyants prédisent la faillite
de l'aventure, elles en préparent dans l'ombre le succès
définitif.

Cette heure, l'heure des mauvais augures, venait
de sonner pour le mouvement d'Oxford. Le *leader*,
découragé, s'était retiré à Littlemore, où seuls les
intimes et les fidèles étaient admis. Ce fut le moment
que l'ancien élève d'Arnold choisit pour se présenter
à Newman. Il ne lui avait pas encore parlé, depuis
cinq ou six ans qu'il était à Balliol. Élève d'Arnold,
Littlemore, première visite, je relève toutes ces circonstances, parce qu'aucune d'elles n'était indifférente
à l'extrême sensibilité de Newman. Quarante ans plus
tard, il se rappelait encore cette démarche et il redisait
sa gratitude avec une émotion toute fraîche :

Mon cher doyen de Durham, merci de votre sermon, si
intéressant en lui-même et où vous parlez trop aimablement
de moi. Il me remet en mémoire votre première démarche
d'expresse bienveillance envers moi, quand, à ma grande surprise, je vous aperçus devant ma porte, à Littlemore. Et cet
autre mot de vous qui circulait alors au sujet des attaques de
Golightly... C'était si différent de votre ami, le pauvre Stanley,
qui, jusqu'à son dernier jour, n'a jamais eu, que je sache, un
mot aimable pour moi (1)...

III

Après la conversion de Newman, il y eut comme un
temps d'arrêt dans la vie religieuse d'Oxford. Les
tractariens restés anglicans cachaient leur déception
et leur tristesse, et de part et d'autre, lassé par de si

____

(1) *Memorials*, p. 259, 260. — La lettre est très importante et j'en
donnerai plus bas l'autre moitié.

longues et violentes controverses, on se tournait vers d'autres travaux. Agitée déjà au cours des années précédentes, la question des réformes universitaires commençait à absorber toutes les activités. Il était temps de secouer enfin le long sommeil de la plupart des collèges, de rajeunir les méthodes, de créer de nouvelles chaires, en un mot de renouveler par les Universités la vie scientifique et littéraire du pays.

Dans cette orientation nouvelle, les hommes de Balliol jouent un rôle prépondérant et acquièrent à leur collège une sorte d'hégémonie intellectuelle qu'il devait conserver jusqu'à nos jours. W. Ch. Lake était de cette élite. Habile et brillant *debater, scholar* élégant, esprit sûr et sensé, il se spécialisait dès lors dans les choses de l'éducation, recevait du gouvernement différentes missions pédagogiques (1) et entrait dans les commissions qui préparaient alors la réorganisation de l'enseignement secondaire. Peu s'en fallut même qu'il ne fût mis à la tête de Rubgy, lorsque le successeur d'Arnold, Tait, fut nommé évêque de Londres. Ayant échoué dans cette candidature, Lake obtint une petite cure de village et, comme tant d'autres grands dignitaires anglicans, il passa plusieurs années dans ces modestes fonctions. C'est là qu'en 1869 son ami Gladstone vint le chercher pour le nommer doyen du Chapitre et recteur de l'Université de Durham.

Cependant d'étranges événements se préparaient. Le mouvement de renaissance religieuse et de réforme ecclésiastique lancé par Newman et proscrit de l'Université par les évêques, se formait peu à peu dans quelques paroisses isolées et allait bientôt, sous le nom de *ritualisme,* commencer une révolution dont le dix-neuvième siècle ne devait pas voir la fin (2). Déjà

(1) C'est ainsi qu'il fut envoyé en France pour y étudier l'organisation des écoles militaires.

(2) *Sur les Origines newmaniennes du ritualisme.* Cf. ces mots de l'*Apologie de Newman* : « I considered... that the Anglican Church must have a ceremonial, a ritual and a fulness of doctrine and devotion which it had not at present. »

l'on pouvait presque prévoir les conséquences désastreuses de l'insigne maladresse des évêques : d'une part, il n'y aurait plus à Oxford de forces suffisantes pour arrêter ou retarder la laïcisation imminente ; d'autre part, on donnait au mouvement qu'on voulait arrêter une puissance nouvelle, en le contraignant à multiplier les centres de son action et à se mettre en contact avec les masses populaires et la petite bourgeoisie. L'Eglise anglicane est encore malade des suites de cette double imprudence, elle ne s'en remettra peut-être jamais.

Je n'ai pas à raconter ici les premières aventures du ritualisme, la soudaine réapparition des cérémonies romaines dans des églises anglicanes, l'enthousiasme et la colère des foules, l'affolement des évêques, la résistance inutile des faiseurs de lois, l'emprisonnement de plusieurs membres du jeune clergé, la victoire définitive du culte et des ministres persécutés, M. Thureau-Dangin achève, à l'heure même, cette histoire. Nul ne l'écrira comme lui. Ce qui est de mon sujet est de noter les impressions de la fraction la plus vivante de la Haute Eglise en face de ces innovations et de suivre, dans leur ralliement insensible au ritualisme, les tractariens de la première heure restés fidèles à Newman.

Il y eut d'abord chez eux un peu de surprise et presque de la gêne. Je le vois moins aux protestations embrouillées de Pusey qu'à une petite ligne de R. Church, le futur doyen de Saint-Paul. Celui-ci rencontre pour la première fois le jeune groupe ritualiste, Mackonochie, Lowder et les autres aux funérailles de Keble (1860). Ces hommes, d'une culture assez ordinaire et qui, la veille encore, étaient mêlés, pour des questions de rituel, à des bagarres populaires, n'excitent manifestement chez cet *Oxfordman* raffiné qu'une sympathie de raison. « Il y avait là, dit-il, un bizarre mélange d'anciens convertis et de nouveaux : Mackonochie, Lowder et autres de cette espèce, excellents garçons, mais qui tout de même avaient l'air un peu bien noir. »

Remarquez ce demi-embarras des mains qui se rapprochent, l'inquiétude de ces hommes qui se savent amis et qui ont de la peine à se reconnaître, c'est un indice de la lente évolution du « clergyman » vers un type moins insulaire et une preuve que les idées de Newman sur le sacerdoce ont fait du chemin depuis vingt ans.

Grave, un peu solennel et très vieille école, Lake partageait sur ce point — comme sur les autres d'ailleurs — les impressions de son ami (1). Pas plus que Church, il n'était alors et ne serait jamais à proprement parler un ritualiste. Encore moins devait-il donner dans certaines exagérations et puérilités du parti. Il gardait des usages du passé tout ce qui pouvait se plier sans contresens aux exigences des idées nouvelles et, d'un autre côté, il ouvrait discrètement la porte aux innovations rituelles qui lui semblaient répondre, non certes à une fantaisie de collectionneur ou d'esthète, mais aux besoins nouveaux de la vie intérieure et à l'enrichissement progressif de la foi. Les circonstances allaient le mettre en état d'apporter à la cause persécutée un concours généreux et efficace. C'est le plus beau moment de sa vie.

Il était en effet l'ami de l'homme qui, en qualité d'évêque de Londres, puis bientôt comme primat de Canterbury, jouerait un des principaux rôles dans la campagne de défense et de résistance anglicane qui s'ouvrait contre les novateurs. Au temps déjà lointain de leur jeunesse universitaire, Tait et lui s'étaient liés d'une de ces bonnes amitiés anglaises qui nous paraissent froides parce qu'elles mettent des années à percer l'écorce du *gentleman* raide et timide, mais qui n'en sont pas moins pleines de robuste et affectueuse confiance, et qu'aucune divergence dans les idées n'entame jamais. Pour qui a été parfois témoin des petites manœuvres des *arrivistes*, il y a un vif plaisir à voir avec quelle liberté et simplicité d'allures, Lake,

(1) « We were always entirely agreed in opinion. » *Memorials*, p. 73.

encore simple curé de campagne, traite avec l'évêque nommé de Londres, que l'on sait très accrédité auprès du pouvoir et qui probablement ne s'arrêtera pas en si bon chemin.

Laissez-moi vous dire, lui écrit-il, que vos récentes et tristes épreuves, en ouvrant devant vous plus vastes les perspectives de la souffrance humaine, vous ont rendu plus apte à votre charge... L'esprit de tendresse et de sympathie a si grandement manqué à nos évêques anglais ! Je suis très sûr que vous gouvernerez paternellement votre diocèse, que vous serez juste et bon pour tous les partis (1).

Quelques années plus tard, quand Tait sera nommé archevêque de Canterbury (1868), Lake ne lui tiendra pas un autre langage et lui rappellera les sentiments du fameux évêque Butler, qui disait autrefois, en refusant ce même poste : « Je suis trop faible pour porter le poids d'une église qui s'écroule (2). »

Ce ton de liberté s'accuse dans les lettres, parfois très amusantes, où Lake attirait l'attention de son ami sur des personnages très méritants et que leur modestie même laissait en dehors de la faveur des deux pouvoirs. Tait, qui était aussi peu *high-church* que possible, tenait cependant beaucoup à avoir, sur les conflits de candidatures ecclésiastiques, l'impression de son ami.

J'attendais une lettre de vous — lui écrivait encore celui-ci au sujet d'une chaire d'Oxford vacante et d'un candidat qui, sur certains points, pouvait sembler insuffisant — je savais bien que vous mouriez du désir d'avoir mon avis sur la *Regius professorship*. Donc, tout bien pesé, moi, je choisirais un prunier alors même que la moitié de ses fruits ne serait que des prunelles. Mozley est un *bûcheur*, vraiment bon et sûr, et *enfin !* on ne rencontre pas un Mozley tous les jours. Évidem-

<hr>

(1) *Memorials*, p. 194, 195.

(2) *Memorials*, p. 212. — « He was too weak to bear the weight of a falling Church. » Pour l'historien de l'évolution de l'anglicanisme, ce mot, venu d'un tel homme, est important à retenir.

ment vous n'en avez jamais fait grand cas, — (quand donc *pace summa dixerim*, avez-vous apprécié un homme de génie !) — mais Church et moi nous l'estimons fort (1).

En 1878, le premier il lance pour la succession prochaine de l'évêque de Durham, un de ces noms qui s'imposent et que pourtant les administrations risquent parfois d'oublier.

Quoi qu'il arrive, laissez-moi attirer votre attention sur Lightfoot. Il vous faudra bien l'avoir quelque jour : vous avez besoin de quelques savants au banc des évêques. Il touche à la cinquantaine et a déjà refusé une fois ou deux l'épiscopat. *Verbum sat !* (2).

Qu'on veuille bien lire encore ce petit billet de Noël, que je ne sais par quelle fantaisie Lake écrivit en latin :

Pontife vénérable, très illustre et très cher... votre lettre m'a fait grand plaisir. Ma dernière lettre avait été courte, vous les aimez ainsi, et je me demandais si cette concision n'avait pas donné à certains mots un petit air d'impertinence qui aurait froissé vos oreilles habituées aux compliments des flatteurs : *quod aures tuas obsequentium blanditiis assuetas offendere potuisset* (3).

Tait était encore évêque de Londres quand le ritualisme, campé dans quelques-uns des quartiers pauvres de la capitale, commença à agiter l'opinion. La situation était difficile. L'évêque rendait justice au dévouement admirable de cette extrême droite de son clergé, mais, homme politique avant tout, il ne pouvait s'aventurer jusqu'à leur donner publiquement raison. L'émeute, cependant, grondait autour des paroisses « romanisantes » et de toutes parts la foule et le clergé, périodiquement affolés par l'ombre de « la grande enchanteresse » — c'est l'Église de Rome — deman-

(1) *Memorials*, p. 230.

(2) *Memorials*, p. 239. Cf. aussi, p. 239 : Laissez-moi vous recommander... Rawlinson... très capable... idées très justes des choses, c'est-à-dire, les vôtres et les miennes. »

(3) *Memorials*, p. 257. Noël, 1881.

daient des mesures répressives. Arrivé dans ces conjonctures au faîte des dignités anglicanes (1868), Tait ne montra ni plus d'indépendance, ni une intelligence plus clairvoyante de ce grand mouvement religieux, qui, à travers bien des imprudences et des enfantillages, ne cessait de progresser. Il fit passer en 1874, à la Chambre des Lords, le *Public Worship Regulation Act*, mesure imprudente et dont quelques évêques allaient indignement abuser. Cependant, malgré tous ces actes de politique et de faiblesse, Tait penchait de plus en plus vers la modération et vers la paix. C'est que, de près ou de loin, Lake ne cessait pas de prendre énergiquement auprès de lui la défense des inculpés. N'ayant pu réussir à arrêter le *bill* de 1874, il essayait d'amener doucement l'archevêque à tenir cette mesure pour non avenue et à se joindre lui-même au mouvement.

Votre meilleur moyen d'avoir la paix, lui disait-il, en août 1878, est d'accepter le ritualisme. C'est de ce côté-là que souffle l'esprit religieux de notre époque et vous n'avez rien de mieux à faire que de vous préparer de différentes façons à développer la beauté des cérémonies du culte. Si vous ne vous y mettez pas, je ne vois, pour vous chef de l'Église, d'autre alternative que de vous rallier à la stagnation du *statu quo*, le pire des dangers pour une église. Il faut que vous avanciez, *you must move*, et aussi bien en religion qu'en politique, donner au peuple quelque chose qui le prenne...

Je crois qu'on peut faire beaucoup, *quanquam in re difficili*, et je ne veux pas que vous passiez aux yeux de la postérité pour le grand homme qui a retardé le déluge, de façon à lui permettre de noyer plus complètement ses successeurs (1).

Un autre jour, craignant que l'archevêque ne donnât sa faveur à une machination antiritualiste qui essayait de faire supprimer les prières aux funérailles, Lake change de style et écrit au fils de Tait un assez macabre message.

(1) *Memorials*, p. 229.

Mon cher Crawfurd, faites-moi le plaisir de lire, à haute voix, ces vers à déjeuner ; ou, s'ils vous semblent trop funèbres, tout de suite après le service :

UN ENTERREMENT SILENCIEUX

’Αρχιεπισκοπῳ διψυχῳ και ἀκαταστατῳ.

On l'enterra silencieusement à la nuit tombante,
    Sans prières ni hymnes de deuil,
Selon le rite lugubre du sinistre John Knox,
    Et à la flamme d'une chandelle d'un sou.

Son corps ne fut béni dans aucune abbaye ! A quoi bon ?
    Et on ne le drapa dans aucune robe sacerdotale...
Mais il fut conduit au lieu du repos
    Vêtu d'un manteau de Genève (1).

Mais déjà, pour juger et condamner son œuvre, Tait n'avait plus besoin des conseils et des sollicitations de son ami. La lumière lui venait maintenant, abondante et cruelle, de la violence et du fanatisme où se laissaient aller les hommes de son propre parti. L'évêque de Manchester, Frazer, menait cette fougueuse avant-garde et on allait voir une fois encore, comme au temps de Wesley et de Newman, qu'il n'est pire danger pour l'Eglise anglicane que les évêques anglicans.

Manchester, écrivait en 1880 l'évêque d'Ely au doyen Lake, ne semble pas soupçonner le moins du monde qu'il vit et agit à un de ces moments critiques où les chefs d'une Eglise peuvent tout pour la renouveler ou pour la détruire, selon que oui ou non ils sauront tâter avec exactitude le pouls de leur temps et assouplir le mécanisme d'une loi rigide aux nécessités d'une époque de transition (2).

Il s'agissait bien de souplesse. L'imagination surexcitée de cet excellent homme lui représentait qu'il y allait de toute l'Eglise et que sa mission, à lui, était

(1) Ces vers sont la parodie d'une pièce qui est dans toutes les anthologies anglaises.
(2) *Memorials*, p. 249.

non seulement de crier au feu plus fort que ses frères de l'épiscopat, mais d'isoler violemment le foyer incendiaire de tout contact avec le reste du bâtiment.

C'est à peine une métaphore, puisque — chose vraiment remarquable à la fin du dix-neuvième siècle — on put voir des ministres anglicans conduits en prison, sur la demande de leur évêque, pour contravention à la loi que quelques années plus tôt le primat d'Angleterre avait fait passer.

Lake, non content d'aller visiter les condamnés, les défendit généreusement dans la presse.

N'en déplaise, écrivait-il au *Times*, le 22 décembre 1880, n'en déplaise à un évêque de qui nous pensions être en droit d'attendre une vue plus large des choses, tout ritualisme n'est pas enfantillage. Le dévoûment et l'abnégation des *leaders* de ce parti auraient pu les préserver au moins de cette accusation. Pour n'en rien dire de plus, le ritualisme est la manifestation de l'ardente piété de ces hommes, et cette manifestation est chère à plusieurs des âmes les plus religieuses parmi nous...

On voit le progrès qu'ont fait dans sa vie intérieure des idées qui auraient étonné et gêné les premiers disciples de Newman. Lake se garde encore d'aller aussi loin que les ritualistes, mais il les comprend, il les approuve dans l'ensemble et il est de cœur avec eux.

Tant s'en faut que je sois moi-même gagné à toutes les pratiques des ritualistes extrêmes. Plusieurs de ces pratiques ne sont à mes yeux qu'une faible imitation de l'Eglise de Rome, mais nous devons beaucoup à ce mouvement...

On dira que l'Eglise doit couper court à toute divergence qui tend à un schisme ; mais, je vous le demande, y a-t-il jamais eu dans l'anglicanisme (et je pourrais ajouter, dans l'Eglise de Rome) un mouvement de réforme qui, pour un temps, n'ait pas paru tendre au schisme. Dans l'Eglise romaine, l'introduction de chaque nouveau grand ordre religieux semblait toujours dangereuse. On ne les accepta jamais qu'avec beaucoup d'hésitation, et une fois cordialement acceptés, ils sont devenus les plus solides soutiens de l'Eglise. Je sais que la politique de notre Eglise a toujours été différente. Elle a rejeté de son sein les enthousiastes irréguliers, chassé les premiers puritains, chassé Baxter, chassé les Wesleyens, et enfin elle n'a pas eu de cesse que le D' Newman ne l'ait quittée. L'expérience ne nous a donc rien appris (1).

Un peu traînant et lourd quand il écrit de longue haleine, Lake, se montre avec tous ses avantages dans les controverses de presse. Toujours digne et mesuré, il écrit cependant alors avec une demi-vivacité et une ferveur qui mettent plus en relief la hauteur de ses vues et la généreuse indépendance de son caractère. Le *Guardian,* habituellement si modéré d'allure, ayant parlé avec un excès de bienveillance d'un synode antiritualiste imaginé par l'évêque de Manchester, le doyen de Durham envoya au journal la lettre suivante. Je la cite presque en entier à cause des renseignements nombreux et précis qu'elle renferme pour nous :

Il y avait jadis un *Guardian* qui, pendant quelque vingt ans, soutenait tous ceux qui essayaient de donner un ton plus élevé à la doctrine et aux cérémonies de l'Eglise anglicane. Hélas ! nous avons tous vieilli depuis. Est-ce lui ou moi qui avons changé, je ne sais ; mais, sous sa figure nouvelle, j'ai quelque peine à reconnaître mon vieil ami.

Le voici, en effet, favorable à un évêque anglais qui se trouve dans une situation fâcheuse, puisque enfin il a sinon procuré, du moins permis l'emprisonnement d'un prêtre zélé et pieux.

Or, Monsieur, en ce qui concerne l'acte le plus important du culte, je veux dire la célébration de la sainte eucharistie, l'Eglise d'Angleterre n'avait pratiquement jusqu'ici aucun rituel. Qui a changé tout cela ? Qui a habitué les anglicans à regarder l'eucharistie comme la plus auguste fonction de l'Eglise ? Les ritualistes plus que personne, et c'est parce que l'évêque Frazer et d'autres, insensibles à ce progrès, auraient mieux aimé laisser au service anglican son ancienne insignifiance, que nous désapprouvons hautement leurs attaques contre

(1) P. 246, 247.

ceux qui ont été — même au prix de quelques exagérations — les principaux instruments de cette grande renaissance.

Nous devons plus encore aux ritualistes. L'évêque de Manchester et d'autres avec lui impliquent toujours qu'ils sont, eux, les seuls « à lutter contre l'incrédulité » et à faire « la vraie besogne du temps présent ». Eh bien, je reconnais les services éminents rendus par l'évêque, mais je suis convaincu que lorsqu'il dédaigne les autres moyens d'apostolat, il est dans une illusion complète. La plus belle série de conférences sur le « Déisme » ou l' « Agnosticisme » est bien moins efficace dans la lutte contre l'infidélité, que les essais d'évangélisation des foules semi-païennes de nos grandes villes,.. Qui a tenté cela ? La fraction la plus enthousiaste de la *Haute Eglise*... et à ces gens-là de telles cérémonies sont précieuses, source de courage et de réconfort. Les évêques de Manchester et de Liverpool peuvent se permettre de traiter avec mépris les secours que ces apôtres de l'Evangile puisent dans les cérémonies de l'Eglise, mais on me permettra peut-être à moi aussi de douter que cette « belle simplicité protestante » soit vraiment apte à élever et évangéliser les masses, et à suffire aux besoins des âmes vraiment religieuses. Qu'il s'agisse de choses naturelles ou surnaturelles, le cœur humain n'aime ni le froid ni l'ennui, et l'évêque de Manchester regrettera peut-être un jour d'avoir fait tant d'efforts pour entraver les tentatives qui auraient voulu mettre dans le culte public de son diocèse plus de beauté et de vie (1).

Amenée à cette crise d'injustice, de violence et de ridicule, la querelle allait, par une réaction nécessaire, s'apaiser. Le parti ritualiste, grandi et fortifié par cette apparente défaite, allait se développer dans l'ombre, et poursuivre, avec patience et ténacité, sa politique conquérante. J'ai noté avec quelque longueur le rôle joué par Lake dans cette première phase, moins à cause de l'importance ou de l'efficacité de ce rôle, que parce que c'était là une occasion excellente de suivre chez un esprit modéré la marche incessante d'un même mouvement religieux. Sans rompre aucunement la belle unité active et progressive de sa vie,

(1) *Guardian*, 5 décembre 1881. Cf. *Memorials*, p. 253-256.

d'autres soucis, vers ce temps-là, l'absorbaient davantage. Ce n'est pas ici le moment de le suivre, soit lorsqu'il intéresse toute l'Angleterre à la restauration de la cathédrale de Durham, soit lorsqu'il étend et transforme l'Université, dont il est le chef. Nous voulions voir le type du *clergyman*, du haut dignitaire anglican, au point où l'on conduit la double influence de la formation universitaire et du mouvement d'Oxford. Il me semble que le voici.

Lake en est l'exacte image. En le regardant vivre, nous voyons un type nouveau de clergyman s'ébaucher et arriver en quelques années à un rare degré d'excellence. Chez lui, comme chez ses principaux collègues d'Oxford ou de Cambridge, nous voyons peu à peu se fondre cette majesté glaciale qui, chez les évêques, doyens ou chanoines d'autrefois, tenait lieu trop souvent de science et de vertu. A l'ancienne raideur succède un grand air de vraie noblesse, une dignité simple, légèrement contrainte au premier abord par une inguérissable timidité, mais qui bientôt laisse paraître beaucoup de grave et accueillante bonté. Fierté et indépendance ont crû avec le mérite personnel. Jamais « loyalisme » ne fut plus sincère, jamais les primats de Cantorbéry ne furent écoutés avec plus de respectueuse déférence, et cependant jamais on ne résista avec plus de vigueur et de constance aux exigences tyranniques des deux pouvoirs (1).

La vie religieuse afflue partout, intense quelquefois, toujours sérieuse. L'ambition même, qui jadis ne songeait pas à se cacher, cède chez plusieurs au sens ravivé des responsabilités de l'épiscopat. Church, simple curé de village pendant des années, refuse le siège primatial, et Lightfoot n'accepte Durham qu'après des hésitations infinies. Tout cela, au dire des anglicans eux-mêmes et, entre autres, de W.-Ch. Lake, de près

____

(1) Liddon écrivait à Lake, à propos de l'évêque Wilberforce : « What a contrast to *the common type of dignified icicle* that one has so often seen on an episcopal throne. » *Memorials*, p. 194, 195.

ou de loin, tout cela vient de Newman. En même temps, la plupart de ces hommes gardent l'empreinte d'Oxford et de Cambridge. Distinction d'esprit et de style, élégance de paroles, science solide chez un grand nombre et chez les autres ces clartés de tout que donne la formation universitaire, ils comptent, ils marquent à des titres divers dans la vie littéraire et scientifique de leurs temps. Leur caractère propre, leur définition est dans la rencontre de ces deux courants d'influences, dans la consécration de la plus haute culture humaine à une cause qui n'est pas de la terre et que tout le monde ne comprend pas. Homme d'église, homme du monde, homme de lettres, il semble, en vérité, qu'à ce moment de son histoire, le haut dignitaire anglican ait donné toute sa mesure et touche à ce point de perfection qu'on ne peut dépasser sans sortir en quelque façon de sa nature ou sans prendre le chemin de la décadence.

IV

A Dieu ne plaise que je parle ici de décadence, mais avec la fin du dix-neuvième siècle, la transformation du clergé anglican s'accuse chaque jour plus rapide et plus profonde. On éprouve un mélancolique plaisir à écouter ces vieux doyens qui d'une cathédrale à l'autre se confient leurs doléances, ou doucement résignées sur leur propre vie qui s'échappe, ou défiantes en vue des modernités qui percent de toutes parts.

Mon vieil ami, très, très cher, écrit à Lake le doyen de Llandaff en mai 1897, je ne puis pas dire que la fin soit très proche, mais je suis de plus en plus maigre et faible. Je me lève, je descends, mais je ne suis bien et tranquille que dans mon lit.

Lassitude, somnolence, manque d'appétit, tout me dit que ce misérable corps s'en va. Pas d'illusion possible. Ma meilleure demi-heure est la première du jour, quand, encore au lit,

j'essaye d'entrer dans la chambre de mon âme et de prier mon
Père qui est là, au plus profond. J'espère et je sens parfois
qu'il m'entend.

Je lis le journal, du moins en diagonale, et quelque biographie. J'espère que ce n'est pas un péché que de prendre encore
plaisir au monde que je quitte... Vos lettres si belles me seront
chères jusqu'à la fin.

Mon bon vieil ami, lui écrivait deux ans plus tôt le doyen
Goulburn, un de ses camarades de Balliol, c'est curieux que
nous ayons eu tous deux la même pensée ; moi aussi, je me
mets à ravauder mes vieux sermons pour les publier. C'est
chez moi une forte conviction que la moitié des erreurs con-
temporaines sur la personne du Christ remonte à des erreurs
fondamentales sur la personne même de Dieu. Et donc j'ai vite
conclu qu'il fallait aborder avant tout le sujet de la personnalité divine.

Dur sujet, à le traiter philosophiquement, et très au-dessus de
mes forces... J'ai fait venir les *Bampton Lectures* de
Illingworth, pour mettre un peu de jour dans mes ténèbres.
Très fort, mais que c'est difficile à comprendre ! Vous iriez
beaucoup plus vite, vous qui avez une bien meilleure tête que
moi. Et puis j'y trouve en deux ou trois endroits l'empreinte
très nette du pied fourchu. Il dit, verset 9, expressément que
plusieurs prophéties de l'Ancien Testament n'ont pas été et ne
seront jamais réalisées, lesquelles ? ce maudit rationalisme
pousse partout à Oxford, dans l'affreux temps où nous
sommes (1)...

Autant et plus que cette invasion de l'esprit critique,
la laïcisation progressive des universités inquiétait
depuis de longues années les amis de l'Eglise anglicane. Un petit mot du sage Lightfoot à Lake nous
met au courant de cette inquiétude. Un chanoine de
Durham venait de mourir, et l'évêque se trouvait
embarrassé pour lui trouver un successeur.

Les trois conditions, haute culture grecque, don d'enseigner,
aptitudes canoniques, se rencontrent difficilement en un même
homme aujourd'hui *où si peu d'hommes distingués* entrent
dans les ordres (2).

(1) La lettre est de janvier 1895.
(2) *Memorials*, p. 296.

Lake lui-même, optimiste pourtant, se lamentait de voir presque rompue cette alliance entre l'Université et l'Eglise.

Que nous sommes pauvres, disait-il, en hommes cultivés !

et il suppliait ses amis moins tolérants et moins avisés de ne pas repousser, en dépit de quelques hardiesses de pensée et de critique, le jeune clergyman en qui il reconnaissait l'héritier direct d'une partie de l'héritage newmanien :

C'est pourquoi je vous conjure d'empêcher qu'on attaque Gore. Parmi ceux qui sont en chemin vers le premier rang, il me paraît être seul capable de diriger la pensée religieuse.

N'aimez-vous pas ce vieillard qui ne se contente pas de gémir avec les derniers survivants de l'âge d'or, mais qui, généreusement, intelligemment, défend ainsi parmi les hommes nouveaux ceux qui promettent de conserver à travers des modifications plus ou moins profondes les traditions du passé ? D'ailleurs, ni Lake, ni ses vieux amis ne se trompent, et ils pourraient à bon droit redire sur eux-mêmes la plainte d'Arthur :

> For now I see the true old times are dead,
> When every morning brought a noble chance
> And every chance brought out a noble knight...
> But now the whole Round Table is dissolved
> And the days darken round me, and the years
> Among new men, strange faces, other minds (1).

En effet, quelque chose allait disparaître avec ces vieillards : le type du haut dignitaire anglican tel que

---

(1) *The passing of Arthur.* — Car, je le vois bien, le vieux temps est mort, ce beau temps où chaque matin apportait une nouvelle aventure, où chaque aventure nouvelle trouvait un bon chevalier... Maintenant plus rien ne reste de la Table-Ronde et la nuit s'épaissit autour de moi, parmi des hommes nouveaux, des visages étranges et des esprits inconnus.

nous le contemplions tantôt dans sa distinction sereine. *New men, strange faces, other minds*. Des hommes nouveaux arrivaient, recrutés de moins en moins dans les milieux académiques et qui, par conséquent, diffèrent moins du clergé catholique et des ministres *dissenters* ; des esprits qui, d'un côté, moins humanisés par la culture universitaire, iront plus vite et plus impitoyablement au bout des analyses dissolvantes, et qui, de l'autre, s'adonneront aux choses religieuses avec une étroitesse plus grande ; des âmes enfin qui, si elles évitent le scepticisme, se montreront peut-être plus pleinement religieuses, plus pratiquement convaincues de l'opposition entre l'Evangile et le monde, entre la douceur de vivre et les austérités de l'esprit chrétien. L'histoire nous apprendra si cette transformation, une fois accomplie, aura été utile ou non à la conservation et au développement de l'anglicanisme. Je n'avais ici qu'à montrer chez le vieux doyen de Durham l'intelligence de cette nouvelle phase d'évolution et l'effort généreux pour s'y adapter autant que possible, tout en restant fidèle aux habitudes et aux doctrines d'autrefois.

Nous sommes sans doute de pauvres diables, écrivait-il un jour, nous autres qui essayons d'être à la fois libéraux et orthodoxes, car aucun parti ne se souciera de nous défendre. Néanmoins gardons cette ligne : c'est la plus nécessaire en ce temps-ci (1).

Oui, la plus nécessaire et la plus efficace, et la seule qui assure et consacre les vrais progrès. Car Lake est avant tout pour le progrès.

Je pense, disait-il une autre fois, quand on parlait du choix de Temple pour l'évêché de Londres, je pense que le choix ne serait pas mauvais. Ou il ira de l'avant lui-même, ou, ce qui est peut-être aujourd'hui le principal mérite d'un évêque, il laissera les autres aller de l'avant (2).

(1) P. 207.

(2) P. 207. — « One of the main requirements for a Bishop in these days. »

Lui, plus il allait et plus il se rapprochait des ritualistes. Chose intéressante, Newman, resté son ami, l'encourageait dans ce sens.

Voilà qui ne vous paraîtra pas très logique, lui écrivait le cardinal, mais je me réjouis de voir votre parole au service de l'*English Church Union*. J'éprouve beaucoup de sympathie pour les ritualistes, *I feel great sympathy with the ritualists*, car je sais les principes élevés qui les inspirent, le grand succès de leur zèle et aussi l'injustice et l'indignité de la campagne menée contre eux. A tous ces titres, je me plais à croire que leur seconde génération verra le triomphe, à moins que, comme en vérité je l'espère et suis porté à le croire, cette seconde génération ne devienne catholique.
Il leur manque une base intellectuelle comme celle que les *Evangelicals* admettent et qui pratiquement leur suffit! Ceux-ci disent : « Je ne sais qu'une chose : j'étais aveugle et maintenant je vois. » A quoi les ritualistes s'accrochent-ils (1) ?

De son côté, Lake croyait, dans une bonne foi parfaite, que le meilleur moyen d'arrêter les progrès de Rome était de donner libre cours au ritualisme.

On ne m'ôtera pas de l'idée, écrivait-il, que si Newman avait vécu de nos jours, il n'aurait jamais passé à l'Eglise de Rome (2).

Ce n'est pas qu'il y eût dans ce noble cœur la moindre amertume envers cette puissante rivale. Personne peut-être, parmi les anciens tractariens, n'a parlé du catholicisme romain avec plus de respect et de sympathie. Un des grands soucis des dernières années de sa vie fut d'empêcher de tout son pouvoir la propagande schismatique que certains évêques anglicans essayaient d'organiser en Espagne, en Portugal et même en Italie. Il criait bien haut sa répugnance pour ces attaques mesquines et profitait de chaque occasion pour redire sa tendresse, *warm feelings*, envers

<hr>

(1) P. 259, 260.
(2) P. 322.

l'Eglise qui a eu dans le passé l'évêque Fisher et Thomas Morus, dans le présent Lacordaire et le cardinal Newman (1).

Ainsi, peu à peu, il touchait à l'extrême droite ritualiste.

Je ne vois presque personne, écrivait-il en 1894 à Lord Halifax, avec qui je me sente en plus complète sympathie qu'avec vous (2).

Ce témoignage est d'une importance capitale, si l'on se rappelle que Lake l'a successivement rendu à son maître Arnold, à Newman et au doyen Church. Certes, Church lui-même, s'il eût vécu assez longtemps pour assister aux derniers progrès du ritualisme, n'aurait jamais écrit cette phrase. Mais Church, si grand qu'il soit et précisément parce qu'il mêle une personnalité plus originale et plus haute aux idées qu'il a reçues de Newman, Church ne représente pas aussi parfaitement leur exacte évolution. Avec Lake, au contraire l'idée et l'idée seule avance et se transforme devant nous, dans cette marche impersonnelle, insensible et conquérante. On voit quel long chemin elle a parcouru (3).

Le 15 juillet 1896, moins d'un an avant sa mort, Lake, qui depuis deux ans avait quitté Durham, vint à Londres, et, sur le seuil de la belle église de l'Oratoire, à côté de Lord Halifax, il rendit un solennel hommage au cardinal Newman, dont on inaugurait la statue. Après la cérémonie, le bon vieillard se rendit en voiture chez le doyen de Westminster, où les rares survivants des anciens jours de Rugby s'étaient réunis en vue de faire élever dans l'abbaye un monument à la mémoire d'Arnold. Cette journée résume et symbolise toute la vie du doyen Lake et une bonne partie

(1) P. 278, 279.

(2) P. 315.

(3) J'ai montré ailleurs (Newman : *Essai de biographie psychologique.*) comment cette idée est loin de résumer tout l'héritage Newmanien ; mais elle en fait sûrement partie.

de l'évolution de l'anglicanisme pendant la période la plus vivante de son histoire.

On di. souvent que les Anglais manquent de logique et l'on dit bien, si l'on veut parler de logique abstraite et raisonnante : nul n'excelle comme eux à concilier les extrêmes et à percer paisiblement de petits sentiers entre les deux termes du dilemme le plus rigoureux. Mais ils n'en sont pour autant que plus capables de rendre par leur vie témoignage à la logique profonde des choses, à la marche nécessaire des idées. Nous autres Français, nous ne pouvons pas nous résigner à tant de lenteurs et nous ne concevons pas que des amis de Renan, qu'un Stanley et un Jowett continuent à prêcher dans l'abbaye de Westminster et dans la chapelle de Balliol. Nous ne prenons pas garde qu'au moment même où leur belle sérénité nous scandalise, leurs disciples immédiats commencent à tirer les con-séquences logiques des leçons et des exemples qu'ils ont reçus. Stanley officie à Westminster, mais déjà tel de ses élèves, Green par exemple, ne se sent plus le droit de rester curé de village, ni même simple bibliothécaire de Lambeth, et depuis Green, le mouvement de laïcisation à Oxford et à Cambridge ne s'arrête plus.

Ainsi dans l'autre camp, dans cette *High Church* qui tend de plus en plus à représenter la vraie Eglise anglicane. Quand Newman quitte l'anglicanisme, catholiques et protestants harcèlent également ses disciples qui, sans croire devoir suivre son exemple, entendaient demeurer fidèles aux doctrines reçues de lui. « A d'autres les théories et les controverses, répondaient-ils d'une même façon, à ce double assaut, nous ne voulons pas raisonner, mais continuer à vivre : plus de sermons éloquents, plus de discussions sur les notes de l'Eglise idéale : un fait est constant : notre Eglise est vivante ; inférieure à d'autres ou leur égale, peu nous importe ; en elle et avec elle nous vivrons. »

Et ce parti ne manquait ni de sincérité ni de sagesse, puisque, en somme, la vie vraie ne trompe jamais.

Mais voici un résultat imprévu. Peu à peu, en eux et par eux, l'idéal anglican se transforme ; chaque progrès, chaque réforme nouvelle le rapproche davantage de l'idéal catholique, tant et si bien qu'à l'heure présente, on peut se demander si l'anglicanisme en tant qu'Eglise chrétienne indépendante et séparée de la catholicité, garde une raison d'être, un sens, une vraisemblance, de longues chances de vie. Quelle que soit la solution que l'avenir réserve à ces questions, l'historien futur de ce siècle devra faire un magnifique éloge de tant d'hommes vraiment admirables, curés de village, universitaires, doyens et évêques anglicans qui par leur fidélité patiente et généreuse aux inspirations de leur conscience et aux lumières grandissantes de leur doctrine, auront, sans le savoir, sans le vouloir, hâté l'heure d'une suprême défaite, plus glorieuse que la victoire.

DEUXIÈME PARTIE

DE LA FOI AU DOUTE. J. R. Green (1837-1883)

L'Angleterre religieuse et l'Église large.

Les lettres de J.-R. Green, l'historien du peuple anglais, éditées avec beaucoup de discrétion et de goût par M. Leslie Stephen, comptent parmi les livres les plus intéressants de ces dernières années (1). L'homme, très séduisant et attachant, s'y laisse voir tout entier : anglais, par la solidité constante de l'effort et l'intensité morale ; presque français de surface et le paraissant d'autant plus que bon nombre de ses lettres sont adressées à Freeman, ce *Teuto Teutonicorum* comme Green s'amusait à l'appeler, ce lourd Freeman qui haïssait tout de la France. « Vous êtes un gai compagnon, M. Green, et vif, vif comme l'éclair (1), » lui avait dit, à leur première entrevue, Tennyson déjà patriarche et dont la moindre parole comptait. *Vivid as lightning.* Cela est vrai aussi des lettres de Green et l'on sait assez que, dans ce pays des biographies interminables, pareille bonne fortune ne se rencontre pas tous les jours.

(1) *Letters of John-Richard Green* (1837-1883), edited by Leslie Stephen. London. Macmillan.

La correspondance nous montre aussi l'historien dans la fièvre de ses projets, dans la foi ardente et raisonnée qu'il garde à son inspiration générale et à sa méthode, dans le feu du travail et de cette course de vitesse avec la mort qui le guette ; et dans ses communications incessantes avec les chefs de l'école historique d'Oxford.

L'homme d'église nous arrête aussi, le simple vicaire d'un pauvre faubourg de Londres, qui partage ses journées entre le *British Museum* et la visite de sa paroisse ; le *Broad-Churchman* d'abord convaincu et enthousiaste qui, peu à peu, se déprend de toute croyance positive et se voit contraint par loyauté à rentrer dans la vie laïque. Ce côté de la vie de Green qui nous était moins familier prend dans la correspondance une sérieuse importance. Ce n'est plus Green lui seul qui est en cause, c'est l'*Eglise large* qui vit et pense tout haut devant nous, et qui, chez un de ses membres plus pressé et plus logique, parcourt en peu d'années les étapes de son évolution normale. Nous ne nous trompons pas, je pense, en ramenant à cette considération l'examen de tout le livre. On est presque toujours sûr de bien choisir ses positions quand pour juger un écrivain anglais on se place au point de vue religieux. D'ailleurs, chez Green, l'homme, l'historien et le *clergyman* démissionnaire, tout se tient, et en fixant notre curiosité sur un point qui nous paraît d'une importance plus générale, nous ne perdrons, semble-t-il, rien d'essentiel dans l'étude de cette œuvre et de cette vie.

I

L'*Eglise large*, comme tout l'anglicanisme, est née d'une série de compromis. Là est à la fois sa faiblesse, puisque ainsi elle manque d'une base logique, et sa vraie puissance puisqu'elle ne vient pas de l'initiative de quelques hommes mais du lent travail des années et de la force même des choses. En ce temps-là, les universités anglaises étaient encore foncièrement cléricales et la plupart des charges importantes revenaient de droit ou de fait aux membres de l'Eglise établie. Comme chez nous l'école de droit, la cléricature était une carrière honorable où l'on s'engageait le plus souvent sans une destination précise et sans attrait spécial. C'était là, presque sans obligations nouvelles, le cadre d'une vie paisible ou studieuse, l'indépendance, la dignité, le repos. Pour un *fellow* de collège, le ministère pastoral se réduisait à fort peu de chose : quelques sermons, qui d'ailleurs étaient encore un exercice académique, de courts offices et le bercement des jolies phrases de la liturgie anglicane dans le demi-jour des chapelles de *Christ-Church* ou de *Trinity*. Quant aux convictions religieuses, personne n'attachait grande importance aux formulaires qu'il fallait signer à la veille du diaconat : on ne demandait en somme à chacun que de rester fidèle à l'Eglise anglicane, et fort de cette facile promesse, tout honnête homme pouvait aller de l'avant.

Car on l'aimait du fond de l'âme cette Eglise nationale et maternelle. Qui n'a jamais respiré cette atmosphère, ne peut imaginer quelle prise elle gardait et garde encore sur les moins mystiques de ses ministres. Ceux-là même, et ils ont été nombreux en ce siècle, qui, gagnés par l'incrédulité ambiante laissaient à peu près toute croyance, demeuraient solidement attachés aux traditions, aux cérémonies, en un mot, à tout ce dehors pénétrant et doux d'une vie religieuse à laquelle ils ne croyaient plus. Quitter leur église comme Renan ou Scherer, mais la pensée ne leur en venait même pas. Non, l'anglicanisme hospitalier à tant de divergences dogmatiques, le serait également à la négation du dogme, pourvu que cette négation fût exprimée de façon religieuse et sans inutile tapage. Aussi loin de la *Haute* que de la *Basse* Eglise, on vivait tranquillement à l'extrême frontière de l'*Etablissement*, dans l'*Eglise large*, en communion de rites et de prières avec les fidèles du dedans, en communion de pensée avec les chercheurs du dehors, j'entends avec les plus téméraires et les moins respectueux du passé.

Il serait injuste et inintelligent d'appliquer à juger un pareil état d'esprit, des règles françaises ou catholiques. Un Arthur Stanley, chapelain de la Reine et doyen de Westminster qui, volontiers, aurait offert à son ami Renan une stalle de chanoine dans sa cathédrale, un Benjamin Jowett, prononçant avec componction l'oraison funèbre de Gambetta dans la chapelle de Balliol, de pareils ecclésiastiques ne laissent pas que de déconcerter nos habitudes de pensée. Ce n'est pas que ces hommes excellents soient absolument dépourvus de logique, mais, dans ce pays, la logique ne fait pas tout, et, même quand elle se met de la partie, agit avec plus de lenteur et de prudence que chez nous. Mais, de quelque façon qu'elle intervienne, les idées, une fois lancées, n'en font pas moins sûrement leur chemin. Stanley, Jowett et les autres, préparent efficacement la laïcisation d'Oxford. Ils restent dans l'Eglise, mais déjà les plus vivants de leurs disciples sentent qu'une telle situation est fausse. J.-R. Green est de ceux-là. Venu dix ans plus tôt, il aurait joui paisiblement jusqu'à sa mort de quelque prébende ; dix plus tard, il ne serait pas entré dans les ordres ; arrivé à un de ces moments d'effervescence, où la nouveauté des idées empêche de sonder toutes leurs conséquences, il entre dans l'Eglise, mais pour en sortir, non pas comme tel autre, au seuil de sa carrière cléricale, mais après plusieurs années d'une expérience loyale et généreuse. C'est la leçon et l'intérêt de sa courte vie.

Cette vie reçut son orientation décisive en 1859, à une des conférences qu'Arthur Stanley, *regius professor* d'histoire et alors dans son plein éclat, donnait à Oxford. Green avait vingt-deux ans et touchait au terme de ses études. Longtemps après, il rappelait au doyen de Westminster le souvenir de cette première rencontre.

J'étais arrivé à Oxford grand liseur et *high-churchman* passionné. Après deux ans de résidence, j'étais paresseux et sans religion. Fatigue ou dégoût, je ne voulais voir personne... et pour occuper mon activité sans me mêler à la vie universitaire, je perdais mon temps à des niaiseries... quand un jour, par hasard, j'entrai dans votre salle de conférences.

La religion était en moi aussi bas que tout le reste. Mon *high-churchism* s'était écroulé avec fracas, sans rien laisser derrière lui qu'un vague respect pour le bien...

J'étais donc tout à fait misérable quand j'entrai dans cette salle où, ce jour-là, vous parliez du travail, non comme d'un chemin vers les bourses et les bénéfices, mais comme de quelque chose d'excellent qui nous rendait plus semblables au divin Travailleur. Ce discours fut pour moi une révélation : « Si vous n'avez aucun goût à ce qu'Oxford vous impose, du moins travaillez à n'importe quoi. » Je revins au vieux *dada* de mon enfance, l'histoire, et je crois avoir bien travaillé depuis.

Il en fut de même pour la religion. Vous m'avez donné moins un *credo* qu'une leçon d'universelle sympathie. Vous étiez un libéral, tourné vers l'avenir comme les autres libéraux, mais sans être comme eux injuste pour le présent et pour le passé. Je sentis que le respect qui restait en moi pour les âmes de bonté, se transformait, à votre parole, en une catholicité vivante. En quittant la salle, je pensais au grand nombre de religions et de personnes différentes dont vous veniez de parler, et comment vous nous aviez révélé et fait aimer le bien qui était en chacune d'elles.

Je ne puis vous dire de quel secours ce grand principe de sympathie clairvoyante a été pour moi depuis, comment dans mes travaux historiques il m'a gardé du simple *hero-worship* et de l'esprit de parti, comment dans ma paroisse, il me servait à trouver une valeur, même aux plus ennuyeux marguilliers.

Mais, plus que tout, cela m'a aidé à réaliser l'idée d'Eglise, cette Eglise de tous les hommes et de toutes les idées, concourant au bien du monde, et se haussant, à travers l'erreur et l'ignorance, jusqu'à celui qui est la Sagesse et la Vérité (1).

Le meilleur des aspirations de l'Eglise large est dans cette lettre. Voilà de quelles vues nobles et généreuses l'intelligence de Green va vivre pendant des années jusqu'au jour où elle s'apercevra qu'à force

(1) P. 17, 18.

de sublimer l'idée d'église, il est arrivé à dépouiller cette idée de toute réalité et de toute substance.

Au sortir d'Oxford, Green s'était présenté aux ordres dans un accès d'enthousiasme religieux, et peu après, sous l'influence de F. Maurice et des socialistes chrétiens, au lieu de suivre le conseil de Stanley qui l'invitait à chercher une situation dans les quartiers aristocratiques, il avait demandé du service dans une pauvre paroisse de l'*East-end* de Londres (1861). Pour cette nature d'impression et de primesaut, une pareille résolution aurait pu avoir de pénibles lendemains. On sait la navrante misère de ces quartiers et l'impuissance presque fatale de ceux qui travaillent à les assainir. Green cependant accepta sans réserve, aima souvent, les devoirs multiples et rebutants de son ministère. A ses yeux toute réalité humaine avait un sens, un intérêt, une poésie même et jamais plus tard il ne fut tenté de regretter et de trouver infécondes, même au point de vue de son œuvre historique, ces années d'un contact quotidien avec la misère et la souffrance des foules, avec les dernières couches « du peuple anglais ».

Dès le début de sa carrière paroissiale, Green rencontra une affection et une influence qui devaient le marquer pour toujours. Mme Ward, la femme de son curé, fut bonne pour lui comme une sœur aînée ou comme une mère (1). A ce qu'il nous dit dans ses lettres, au portrait qu'il a tracé dans l'oraison funèbre de cette femme peu commune, notre imagination évoque une sorte de seconde Mrs Barton, mais qui aurait eu plus que l'héroïne de G. Eliot le temps de s'occuper de mysticisme.

Je suis allé voir sa tombe avant de quitter l'Angleterre — écrira Green dix ans après la mort de sa bienfaitrice ; — tout

(1) Mme Ward était la mère de M. Humphry Ward dont la femme — une petite-fille du grand Arnold de Rugby — est l'auteur de *Robert Elsmere* et de tant d'autres romans importants.

autour c'est une fièvre de bâtisse, et même morte, il faut
qu'elle dorme dans cet odieux désert de briques et de mortier
qui l'a tué, elle qui soupirait après le grand air et le soleil et
les oiseaux. Ah ! quand je pense à cette fraîcheur, à la noblesse
épanouie dans cette vie que tout enchaînait au terre à terre, je
songe avec colère à mes plaintes à moi, aux plaintes de tant
d'autres qui prétendent que leur situation les empêche de se
développer. Je vois tant de gens qui ont soif de pouvoir, de
grandeur et d'influence, et je brûle de leur dire : Tenez, dans
toute ma vie, des milliers de personnes que j'ai rencontrées,
une et une seule a eu de l'influence sur moi, une personne
devant qui toute mon âme s'inclinait avec respect et un immense
amour. Et c'était tout simplement la modeste femme d'un curé
de l'*East-end*, dans un affreux coin de Londres et elle aurait
éclaté de rire à la pensée d'avoir une influence sur qui que ce
fût (1).

Cette influence fut avant tout religieuse. Mme Ward,
aux heures les plus tourmentées de sa propre vie,
avait trouvé force, repos et joie dans les lettres de
Mme Guyon. Entre elle et le vicaire de son mari, c'était
là un des sujets de conversation ordinaires, et ainsi se
préparait chez Green cette religion vague qui se
substituerait assez vite à toute croyance déterminée
et rendrait la transition plus douce du libéralisme
Broad-Church au rationalisme absolu.

« Le sentiment religieux fut toujours profond chez
lui, raconte M. Leslie Stephen dans une page où il
résume à l'emporte-pièce cette évolution religieuse.
La vie spirituelle des mystiques, la religion du cœur,
celle qui subordonne aux émotions les dogmes et les
faits, lui était naturelle... son intelligence, singulièrement vive et prompte, l'ardent intérêt qu'il portait aux
recherches historiques et scientifiques, lui firent
accepter le principe fondamental du rationalisme, à
savoir qu'il faut accepter sans compromis ni réserve

(1) P. 284, 285.

les résultats d'une enquête impartiale et complète (1)...
Pendant quelque temps le charme personnel de
F. Maurice le fascina, mais ce clair cerveau ne pouvait se contraindre comme Maurice à obéir à la fois
aux exigences du système dogmatique et à celles de
l'histoire. Il était impossible à Green, mystique et
savant, d'admettre que les rédacteurs du formulaire
anglican aient atteint, dans leur travail, les dernières
vérités de la religion. Il savait trop bien l'origine de
ce document, d'ailleurs il ne pouvait tenir longtemps
l'équilibre des *Broad-Churchmen* qui tout en *admettant que ces formulaires vermoulus ne méritent aucune
créance, trouvent pourtant dans une équivoque inconsciente le moyen de les accepter*. Green sentait, de façon
aiguë, le danger de manquer de loyauté dans sa
conduite, et il décida que le jour où il ne lui serait
plus possible d'attacher un sens aux paroles liturgiques : « Christ, ayez pitié de nous, » il laisserait la
cléricature (2). »

Cette page importante précise les idées de Green
telles qu'elles seront à leur point d'arrivée, après un
travail intérieur de plusieurs années. Si dès l'abord
l'ensemble de la théorie était plus ou moins explicitement admis, les nombreuses conséquences ne devaient
se dégager que peu à peu.

Si nous pouvions vivre davantage dans la pensée présente
du ciel — écrivait en 1861 le jeune vicaire, sous l'émotion
toute vive d'un entretien avec son amie — nous aurions moins
de souci de tous les tracas de la terre. Tant que nous ne
sommes que de simples ministres de l'Eglise d'Angleterre,
nous devons redouter la mauvaise volonté du voisin, les
accusations d'athéisme, les dénonciations faites par des

____

(1) On sait quelle est en la matière l'attitude de M. Leslie Stephen et
je n'ai pas besoin de remarquer que, pour un anglican comme pour un
catholique, la question telle qu'il la pose, est mal posée.

(2) P. 70-71.

évêques ignorants, mais une fois devenu ministre de l'Eglise éternelle, tout le tapage des controverses ne distrait plus nos oreilles des accords de harpes qui entourent le trône. Je sais que c'est là ce mysticisme dont tout le monde rit si volontiers, mais je suis persuadé que la foi de l'avenir est précisément dans cette alliance entre le mysticisme et la liberté de critique et de pensée (1).

Mais tous les chapitres de la vie de Green devaient être terriblement courts. Celui-ci, à peine commencé, est brusquement interrompu. Mme Ward mourut en juillet 1862, recommandant à son ami cette famille d'orphelins. La catastrophe fut pour lui cruelle et bonne tout à la fois. « En m'écrasant, cela m'a rendu plus humble, » écrit-il et on sent qu'au contact de ces petits enfants qu'il voit de plus près, sa foi devient plus simple et plus précise.

J'avais planté là mon article de la *Saturday* et je caressais la petite Maggie, quand elle me dit : « Savez-vous, M. Green, pourquoi maman est allée au ciel ? C'est que Jésus la voulait. » Je me demande si le rédacteur de la *Saturday* en aurait su plus long que cette philosophe de quatre ans. Pour le moment, elle est très embarrassée de savoir comment on pourra bien là-haut se retrouver. « Maman est un ange maintenant, comment la reconnaîtrai-je quand j'arriverai au ciel ? Ah ! j'y suis, elle viendra au-devant de moi et me dira qu'elle est ma maman... »

« Irez-vous au ciel, M. Green ? Oh ! oui, vous y viendrez avec nous, et nous serons, de nouveau, tous ensemble. » — Qu'on est petit et misérable devant un enfant ! La demande de celle-ci me trotte dans la tête. « Irez-vous au ciel ? » et je ne sais que répondre. C'est peu philosophique, très contraire aux saines doctrines, mais le ciel m'est bien plus cher maintenant qu'il y a là-haut quelqu'un que j'aime — et cependant je ne puis pas dire avec ma petite amie : « Oh ! oui. » Les impressions qui semblaient si profondes s'envolent si vite, l'Eternité qui se montrait derrière cette tombe, se dérobe de nouveau, et le ciel qui semblait si près se recule de plus en plus... Prie pour moi, Dax, comme moi pour toi, pour que

____

(1) P. 80.

nous puissions répondre à la demande de cette petite avec son
« oh ! oui (1) ».

Mais le travail persistant auquel il se livrait n'était
pas de nature à relever cette foi déjà — comme on le
voit — très ébranlée. Il avait d'abord entrepris
d'écrire une histoire de l'Eglise anglicane, de cette
Eglise du passé capable d'une merveilleuse adapta-
tion aux besoins du présent, de cette *creature
of repeated compromises*, essentiellement modérée,
essentiellement illogique (2). Telle quelle, jadis, elle
l'attirait, mais maintenant il renonçait à en raconter
l'histoire, parce qu'il lui paraissait impossible « d'attacher l'étiquette d'*Eglise* à une quelconque des
branches de la religion chrétienne en Angleterre (3). »
Dès cette époque (1862), entrevoyant les exigences
possibles de l'avenir, il se fixait ces deux règles de
conduite.

1° Rester dans le clergé anglican, aussi longtemps que, ce
ce faisant, on contribue à élargir au sein de l'anglicanisme la
sphère de la liberté de penser.
2° En sortir au moment où on risquerait, en y restant, de
rétrécir sa propre pensée (4).

Cette brève et catégorique résolution, montre
combien Green était déjà loin de l'optimisme incon-
séquent de ses maîtres en libéralisme. Ceux-ci restent
d'abord, puis cherchent, si besoin est, des raisons
pour justifier leur attitude ; lui reste, mais par provi-
sion, et en attendant de voir plus clair au fond de
lui-même et de ses idées. Certes il était trop dévoué
à l'Eglise d'Angleterre pour ne pas souffrir à la vue
de ce qui peut-être se préparait, mais d'autre part

(1) P. 100, 101.
(2) P. 103.
(3) *Ib.*
(4) P. 110.

l'horreur de l'équivoque le tenait en une douloureuse défiance.

Vous savez bien que j'aime l'Eglise d'Angleterre, mais que va-t-il arriver d'un si monstrueux système, *such a Godless lie as this*... J'attends, mais je crois que nous sommes près de la fin (1).

Si maintenant il se cramponne encore au christianisme, c'est précisément qu'il voit en lui une souplesse admirable qui le rend susceptible de s'adapter à chaque nouveau progrès de la pensée humaine. Il s'explique à ce sujet en une lettre très belle où le vrai et le faux se mêlent, où l'enthousiasme du chrétien, de l'historien et du philosophe se confondent.

Je ne vois aucune limite à ce progrès en « religion ». Sur cette idée de progrès, ma foi profonde et intense au christianisme repose. Comme vous, je vois d'autres religions, la foi païenne et la foi d'Israël — jouant leur rôle dans l'éducation du genre humain. Et je vois l'humanité dépassant ces croyances qui l'ont élevée, si bien qu'à chaque grand pas de la pensée humaine une religion tombe morte et disparaît. Et je conclus que ce doit être là une condition du progrès du monde, à moins qu'il ne paraisse une religion capable d'évoluer elle-même parallèlement à ce progrès. Or voici une religion qui en est capable. Ouvre ton Gibbon et fais la preuve de ce que j'avance. La fraîche vigueur des enfants des forêts germaines fond sur la Rome efféminée et tout s'écroule sauf cette foi. Le christianisme emprunte de nouvelles formes de vie et dans ce chaos barbare pétrit le monde du moyen-âge. Songe combien l'âme d'Augustin et celle de saint Louis sont différentes, et pourtant le christianisme leur suffit à toutes deux. Le moyen âge s'évanouit, notre monde moderne émerge de la réforme. Le christianisme emprunte de nouvelles formes et infuse une vie nouvelle à cette nouvelle phase de l'humanité. Combien l'âme de saint Louis et celle de Luther ne diffèrent-elles pas, le christianisme leur suffit à toutes deux et remplit leur attente. A notre époque, la pensée humaine fait chaque jour des

(1) P. 110, III.

progrès tels qu'elle n'en a jamais fait, mais le christianisme spiritualisé et épuré par les plus larges besoins qui
s'offrent à lui, est prêt à répondre pleinement à tous ces
besoins... S'il y a quelque vérité dans nos plus profonds
instincts, il faut que Dieu soit constamment au delà, au-dessus
de nous, de notre pouvoir, de notre science, de notre vertu,
et c'est vers cet au delà, que le christianisme nous fait
monter (1).

On voit la doctrine vaste, brillante, profonde dont
se nourrissaient, dont s'illusionnaient aussi les
hommes de l'*Eglise large*. Doctrine juste en son fond,
et essentielle pourvu que l'on sache respecter la
vérité initiale que cette constante évolution enrichit de
l'apport de chaque siècle. Mais, comme il arrive
toujours, grisés par les idées nouvelles, et d'ailleurs
excités contre les grands corps traditionnels qui
regardent ces idées avec défiance, les novateurs
deviennent bientôt agressifs et se tournent avec
violence contre tout ce qui leur rappelle le passé.
Cette note perce déjà dans la lettre suivante et nous
la verrons s'accuser peu à peu bien davantage.

Si je ne tremble pas, si j'exulte à la destinée que Dieu a
marquée à son Eglise, c'est simplement parce que je crois à la
présence de l'Esprit de Dieu dont l'inspiration guide l'Eglise.

Cette présence, cette inspiration, beaucoup l'admettent en
paroles, mais ils demandent : où donc est cette voix de Dieu ?
Bien sûr elle n'est pas dans la décision des Eglises puisque ces
décisions ne s'accordent pas entre elles. Tant qu'il y aura des
controverses, comment savoir de quel côté souffle l'Esprit de
Dieu ! — Mais n'est-ce pas oublier que l'Esprit habite dans
l'Eglise, non dans les églises, que sa voix est la voix non de
telle ou telle fraction, mais de la chrétienté universelle.

Cette voix de l'Eglise, elle est, semble-t-il, dans le *consensus*
du peuple chrétien, unanimité confuse mais puissante. La con-
damnation de l'esclavage en est un exemple.

(1) P. 118, 120.

Et il ajoute ces deux petites notes dont la première a une grande portée.

Remarquez deux faits importants : 1° *Ces voix de l'Eglise n'indiquent pas une direction doctrinale, mais morale et sociale...* 2° Cette unanimité s'élabore avec une lenteur extrême. Songez aux siècles qu'il a fallu pour qu'on réalisât l'injustice de l'esclavage (1).

Cependant l'anglicanisme orthodoxe s'épouvantait des hardiesses croissantes de certains membres du clergé. En 1859 le succès du livre de Darwin, en 1860 le scandale des *Essays and Reviews,* en 1862 les témérités exégétiques de Colenso, en 1863 l'accueil fait à la *Vie de Jésus,* tous les événements de ces années tumultueuses achevaient de compromettre les libéraux. Ceux-ci, en effet, couraient indistinctement à tout ce qui avait figure d'idée nouvelle et applaudissaient de confiance à tous les coups qui leur semblaient portés au vieil édifice de la tradition. L'Eglise d'Angleterre est de nature tolérante et elle tient médiocrement à intervenir dans les querelles doctrinales, sauf quand la conscience d'un danger imminent l'affole — et dans ce cas-là elle ne recule devant aucune maladresse, l'histoire de Wesley et de Newman le montrent bien — un sûr instinct lui fait comprendre que sa grande force est précisément dans cette patience éternelle et que pour elle le vrai moyen de triompher d'une difficulté est de ne pas essayer de la trancher. Menacée, à cette heure, de deux côtés à la fois, également inquiète du premier succès du ritualisme et des témérités de l'Eglise large, elle essayait de manœuvrer entre ces deux extrêmes, désavouant timidement les excès du libéralisme et se montrant comme il convenait, plus sévère envers les ritualistes qui, plus croyants, étaient plus soumis. Pourtant les libéraux

(1) P. 140.

n'avaient pas pour eux le nombre, et ils savaient bien que la majorité du clergé se prononcerait contre eux. La belle humeur de Green s'aigrit à la pensée de cette résistance.

> Le clergé, écrit-il ne représente même pas l'Eglise. Que représente-t-il ? — Ni les laïques cultivés, ni l'Angleterre intelligente, mais l'inintelligence du pays (1).

Et pour comble d'outrage, il assimile les orthodoxes aux *romanistes,* ajoutant avec raison : « Qu'est-ce qu'un romanisme sans infaillibilité, sans unité et sans chef ! » (2)

Décidément la période des violences est ouverte. Quoi qu'il nous en coûte, il nous faut suivre ce noble et charmant esprit dans ces outrances de pensée et de parole qui lui ressemblent si peu. Il appartenait à cette génération d'utopistes qui croyait naïvement que la science répandue partout allait ramener l'âge d'or. Et pour lui, maintenant, l'Eglise était la grande barrière de routine et d'intolérance qui pour prolonger son règne, retardait tant qu'elle pouvait l'avènement de la science.

> Qui empêche les réformes ? — L'ignorance populaire. — Qui s'oppose à ce que cette ignorance soit éclairée ? L'Eglise... Le clergé sait que l'Eglise s'effondrera le jour où le peuple sera instruit à fond, où il n'y aura plus une seule classe d'hommes vouée à l'ignorance (3).

On comprend ce que devait souffrir l'homme qui, au moment où il écrivait de telles choses, exerçait encore les fonctions ecclésiastiques. Tout lui est à charge maintenant et il n'est pas jusqu'à la bêtise de ses paroissiens qui ne rende sa position plus intolérable. Ne voilà-t-il pas que ceux-ci l'ont soupçonné de ritualisme ?

(1) P. 142
(2) *Ib.*
(3) P. 171.

Un pharmacien m'a vu élever l'hostie et porter une grande croix sur le dos. Le jour du vendredi saint, une dame a quitté l'église parce que je prêchais avec une couronne d'épines sur la tête.

Et Green s'amuse à embarrasser le grave Freeman et en lui prouvant que le témoignage historique n'a donc aucune valeur.

Car enfin, ces deux témoins sont sincères et n'ont contre moi aucune aversion personnelle. Comment allez-vous vous tirer d'affaire ? Ou ils m'ont vu, ou ils ne m'ont pas vu (1).

Notons encore, en passant, cette jolie pochade sur la maison curiale.

Envoyez-moi quelques brochures pour distribuer à mes quatre vicaires. L'un est « catholique », l'autre « anglican », le troisième, musicien, et le quatrième, littérateur. Le premier déjeune à midi et demi en surplis et en barrette ; le second passe des journées à faire signer des pétitions au « Lord primate » ; le troisième met les paroles de la confession générale sur une ritournelle d'opéra ; quant au littérateur, il lit Balzac toute la semaine, et, le dimanche, broche son sermon en un tour de main (2).

Il plaisante, mais, prenez garde, quand ces vives natures plaisantent ainsi, c'est souvent qu'elles veulent cacher aux autres et à elles-mêmes quelque secrète souffrance. Green souffre en effet ; il se sent étranger dans cette paroisse où tout le monde l'aime pourtant.

On est bon pour moi, mais on ne comprend pas mes « quixotisms » et je n'ai que cela qui vaille la peine d'être compris... on a une soif insatiable d'affection et on tourne le dos à tout le monde pour se renfermer misérablement en soi-même. Ma bonne humeur s'en va, je suis impatient, nerveux, j'agace tout le monde et quelque chose à quoi je sais bien que je dois résister comme à une mort hideuse me conseille de me

(1) P. 183.
(2) P. 163.

noyer dans mes livres et de laisser le genre humain se dé‑
brouiller sans moi (1).

Il y a là sans doute une lassitude de poitrinaire, un découragement de savant, mais je ne me trompe pas en assignant une autre cause à cette détresse.

Tout me glisse entre les doigts, la foi, la doctrine. Tout devient irréel... je touche au déisme, où m'arrêterai-je (2) ?...

En juin 1867, il écrit à Freeman.

Je me sépare de plus en plus de l'Angleterre et de la politique anglaise, *it may be from English religion too*.

On se rappelle les belles idées qu'il développait naguère avec tant de flamme sur le rôle historique de l'Eglise. Que tout cela maintenant est loin de lui ! Rendant compte à Freeman d'une conférence de Stubbs, leur ami commun,

Elle a fini, écrit-il, sur une tirade religieuse, sincère évidemment chez Stubbs, mais qui a dû paraître bizarre à l'auditoire d'Oxford, comme elle m'a paru à moi. Ce bon vieux lieu commun que l'histoire de ce monde conduit à Dieu, que l'histoire moderne n'est que la diffusion de sa lumière dans le Christ. Je revois le temps où cela était pour moi la clef de l'histoire. J'ai bien peur de l'avoir perdue, cette clef, et je n'ai rien pour la remplacer (3).

Mais il est encore trop frémissant de cette lutte intérieure et extérieure pour demeurer longtemps sur cette inquiète et mélancolique douceur. Voici encore — c'est presque la dernière fois — cette note exaltée, présomptueuse et méprisante qui détone dans cette âme de délicatesse, de respect et de bonté.

(1) P. 183.
(2) P. 153.
(3) P. 171.

Il y a deux églises dans le monde, l'église du prêtre et celle du maître d'école, l'église du dogme et celle de la science. L'Eglise d'Angleterre peut essayer de concilier ces deux courants, de garder du moins quelque chose de tous les deux. Mais chaque jour rend cette tâche plus impossible. On peut appuyer sa religion — c'est-à-dire le *lien moral qui donne à notre vie une unité d'action et de propos,* — ou sur la foi, ou sur les faits, sur l'enseignement extérieur de l'Eglise, de la Bible, de la Secte — ou sur les leçons intérieures de l'expérience et du savoir. Mais il est impossible de souder ces deux fondements. Avez-vous lu, par exemple, le nouveau livre de Darwin sur l'*Homme et son origine.* Je n'en sais encore que ce qu'en disent les deux beaux articles de la *Saturday,* mais quelles merveilleuses perspectives ce livre n'ouvre-t-il pas devant de si vastes problèmes, comme toutes les controverses théologiques s'effondrent, paraissent mesquines et vaines. « Sacrifice », « Justification », « Inspiration », tout cela paraîtra à nos enfants aussi absurde que nous paraissent à nous le *gnosticisme* et la *transsubstantiation.* Je ne dis pas qu'une religion rationnelle soit impossible. Au contraire, mais pour y arriver, il nous faut jeter aux balayures les théologies vieilles et fanées de l'enfance du monde (1).

Dans un pareil état d'esprit, il n'était que temps pour Green de prendre une retraite que d'ailleurs sa santé déjà très compromise rendait nécessaire. L'archevêque de Canterbury, Tait, qui l'aimait, lui offrit le poste de bibliothécaire du palais de Lambeth. Là l'historien travaillerait à son aise, et le *clergyman,* loin autant qu'il le voudrait de toute fonction religieuse, sentirait moins lourdes les chaînes qui le rattachaient à l'Eglise (1869). Suivons-le dans cette période d'apaisement, et bientôt d'indifférence. Bien que pratiquement il n'appartienne plus à l'Eglise et que, même il doive quelques années plus tard rentrer définitivement dans la vie laïque (1877), ce que nous verrons de lui nous aidera encore à connaître l'Eglise large et la psychologie du clergyman libéral.

(1) P. 289-293.

II

La scène change. Brumes mystiques, angoisses intérieures, énervement des controverses dogmatiques, tout se dissipe, tout s'éclaircit. D'anglicanisme, de religion même — et la chose vaut qu'on la remarque — on ne parle presque plus jamais dans les deux cents dernières pages de la correspondance. La joie de vivre éclate partout avec de temps en temps une malédiction jetée en courant aux doctrines de renoncement et de tristesse.

Toujours ces oiseaux de nuit entre le soleil et notre âme. Comme si le soleil nous était mauvais ! Pauvre de moi, j'ai grand peur de rester toujours hellénique plus que chrétien... Mais la vie, la vie dans toute son énergie, son éclat, sa marche entraînante, la vie avec ses brusques passages du rire aux larmes, pourquoi ces hommes en ont-ils peur, pourquoi la dénoncent-ils dans leurs prêches ? Ils la dénoncent dans leurs prêches, puis ils disparaissent et le soleil continue à briller et le monde court en riant à la liberté et à la joie (1).

Ce n'est pas là une simple boutade, mais l'expression un peu vive d'une philosophie raisonnée et voulue.

Rappelez-vous ma théorie de la vie. Ce n'est pas un programme de paresse. J'ai travaillé dur à ce qui en valait la peine et je compte bien le faire encore. Mais je proteste contre l'ascétisme pour l'ascétisme, contre cette sottise de fermer les yeux à tout ce qui est beau et délectable ici-bas, contre cette préférence donnée aux choses désagréables, comme si de soi elles valaient mieux que les autres ; par-dessus tout, je proteste contre toute idée de partage entre les différents éléments de notre être, contre le mépris de toute une moitié de la vie que nous avons à vivre comme si elle nous empêchait de vivre l'autre moitié. La tête, l'âme, le corps, que tout se développe de concert ! Pas d'intellectualisme, pas de spiritualisme, pas de sensualisme, mais une large et complète humanité (2).

(1) P. 469.
(2) P. 450.

On le comprend, cette vie qui l'attire, l'intéresse, l'enchante est le plein développement de l'homme naturel, la mise en œuvre de toutes les richesses qui dorment en nous. Qu'aurait dit Mme Ward si elle avait lu ce programme où la religion tient si peu de place, et nous, ne nous trouvons-nous pas bien loin du temps où le jeune vicaire, gagné à la contagion mystique de cette âme, essayait d'entendre à travers l'infinité des espaces, les harpes du ciel. La terre lui suffit maintenant et il tend vers elle un effort que l'inquiétude des choses invisibles ne morcelle plus, une activité joyeuse que les soucis d'outre-tombe ne viennent plus assombrir. Quoi qu'on puisse penser de cette conversion à rebours, il semble pourtant que Green soit maintenant bien plus qu'autrefois dans la vérité de sa nature et que le dénouement de la crise religieuse coïncide pour lui avec le plein épanouissement de sa puissance de vie. Il suffit de l'entendre causer pour s'en rendre compte. Sa conversation jadis un peu nerveuse, impatiente et qui aimait le paradoxe provocant est devenue, nous dit Mme Humphry Ward, plus calme, plus sereine, plus égale (1). Ses lettres, ses écrits respirent aussi la douceur et la bienveillance des gens heureux. Car tous les bonheurs se pressent pour lui dans ces années d'apaisement et de travail. En 1877, il a épousé l'admirable femme que nous retrouverons bientôt, quand il ne sera plus question de joie. Son livre, la *Short History* a paru en 1874, avec un succès extraordinaire (2). Encore une fois la vie est bonne, foin des prêcheurs moroses et laissons le monde courir, moitié pleurant moitié riant, « à la liberté et à la joie ».

Rien d'ailleurs, dans cette philosophie qui rappelle les étranges homélies où Renan aimait à s'oublier sur

(1) P. 397.

(2) Sans parler des éditions américaines, il s'est vendu en Angleterre 235.000 exemplaires de la *Short History*. Cf. Quarterly, avril 1902.

ses vieux jours. L'idéal de Green est tout autre, plus digne, plus intime, et son égoïsme, si égoïsme il y a, ne laisse pas d'être charmant.

L'amitié remplit toutes les pages de cette existence, la bonne amitié anglaise, aux sans-façons remplis d'une robuste tendresse, l'amitié dont il écrivait lui-même : « Vous autres femmes, vous nous regardez de bien haut, mais vous ne soupçonnez pas l'ardeur et la flamme de nos amitiés, à nous autres hommes (1). » Disons aussi, pour qu'on le sente plus pleinement et simplement homme, que les chartes et les livres qui prennent presque tout son temps n'ont pas le meilleur de ses affections et de ses pensées. Même avant d'avoir repris son indépendance, il écrivait dans un même sens :

La vie me semble chaque jour plus belle à force d'amour, de paix, de tendresse. Ce qui me la rend chère, ce n'est ni l'esprit, ni l'intelligence, ni la grandeur de la science. Tout cela est beau, mais il me suffit à moi des éclats de rire des petits enfants, et de la bonne amitié des amis, et des bavardages auprès du feu et de la musique et des fleurs (2).

Montrons enfin à ceux que cet « hellénisme » un peu rassis scandaliserait encore, montrons une ombre qui enveloppe et — si l'on peut ainsi dire — illumine tout ce tableau. Qu'on y prenne garde, celui qui chantait tout à l'heure cet hymne à la vie est un poitrinaire qui sait que ses jours sont comptés et qui active encore par l'impétuosité de son travail la courte flambée de sa propre vie.

Ces réserves faites, regardons maintenant avec quelle curiosité intense, avec quelle profondeur et universalité de sympathie, Green, juché sur l'histoire de son pays, regarde, pour ainsi dire, passer de veine

(1) P. 277-278.
(2) P. 241.

en veine, de siècle en siècle, d'institution en institution, la brève et brusque étincelle qui s'éteint pour
renaître sans cesse et qui est pour lui d'un prix infini.
Il faut avoir lu la *Short History* pour réaliser ce qu'est
chez lui cette adoration de la vie. Ecoutez-le plutôt
s'arrêtant avec complaisance devant l'œuvre de Chaucer
et se présenter lui-même au naturel en glorifiant le
poète auquel il ressemble par tant de points.

Jusque-là la littérature anglaise ne nous a montré que des
types, des allégories ou des réminiscences du passé. Ici nous
nous trouvons pour la première fois face à face avec des
hommes vivants, des hommes différents de nature et de sentiments aussi bien que de figure, de costume ou de langage, et
cette originalité de chaque personnage est maintenue à travers
toute l'histoire et se révèle par mille nuances d'expression et
d'action... C'est la vie dans sa plénitude, sa variété, sa com-
plexité... C'est la vie qu'il aime ; délicatesse de sentiments,
libres plaisanteries, rires et larmes, tendresse de Grisélidis,
ou aventures bouffonnes du meunier et de l'écolier, tout ce qui
est vivant et humain lui plaît. C'est cette largeur de cœur,
cette tolérance sans bornes qui rend Chaucer capable de comprendre l'homme à la façon de Shakespeare, et de le peindre
avec une chaleur, une vivacité, une bienveillance, une fraîcheur
et une gaîté que Shakespeare lui-même n'a pas surpassées (1).

La vie ! toujours la vie ! D'elle vient aux pages de
tout ce que Green a écrit, leur couleur, leur bel entrain
et leur constante allégresse : « Ce qui l'impressionnait
— a dit de lui un autre grand historien que l'Angleterre vient de perdre (2) — ce qui l'impressionnait chez
un personnage, était que celui-ci avait réellement
vécu, et par là, il réussissait à donner la sensation de
la continuité vivante d'un siècle et d'un pays. » Les
pierres mêmes s'animaient pour lui, une église, une

(1) *Histoire du peuple anglais.* Traduction Auguste Monod (Plon, 1888),
t. I, p. 252, 253.

(2) Gardiner. *The Academy,* 17 mars, 1883.

ville avaient, à ses yeux, une existence personnelle. Quand Freeman et lui allaient ensemble à travers l'Europe, pendant que lui battait en tout sens les rues d'une vieille ville (1), son compagnon ne voulait voir que le chemin des archives où il allait, du matin au soir, éplucher toutes les chartes du pays. Peu à peu cependant, Freeman se laissa plus docilement conduire, et apprit de Green à entendre parler les vieilles maisons et les monuments du passé. « Et maintenant, ô Johnnie, lui dit-il longtemps après, en le remerciant d'un pareil service, j'ai vu des cités sans nombre, et à chaque tour que j'ai rencontrée, j'ai répété ce que je vous dois. Je l'ai bien mis dans une de mes préfaces, mais ma reconnaissance veut le redire à chaque nouveau voyage. C'est vous qui m'avez appris à regarder une ville comme un tout, distinct des églises et châteaux qui s'y trouvent, comme un organisme vivant (2). »

Il faut faire remonter à la même source la conception vraiment populaire de la *Short History*. « Je voudrais bien, écrivait Green à Freeman au sujet de l'ouvrage de celui-ci sur la *conquête normande*, je voudrais bien que votre église fût moins épiscopale. Savez-vous qu'il y avait aussi en ce temps-là, dès prêtres, des diacres, et par-dessus le marché, des laïques ? » Personne ne songerait à adresser à Green un pareil reproche. Les petites gens l'intéressent autant que les rois et les généraux, et par là, il est, dans toute la force du terme, l'historien du peuple anglais.

De là vient aussi quelque chose de moins insulaire dans les jugements que Green porte sur les hommes et les choses des autres pays. Certes, il était anglais jusqu'aux moelles, lui qui, dans ses fréquents exils, parcourait avidement les journaux avant de décacheter son propre courrier, mais sa large sympathie ne con-

---

(1) *Like a dog following a scent*, a dit de lui M. Bryce, p. 214.
(2) P. 215.

naissait pas de frontière. « Green est le premier *home-ruler* que j'aie jamais vu, » disait M. Bryce et, dans la correspondance, de 1870 à 1871, il y a plaisir à l'entendre — tout germanophile qu'il soit — plaider pour la France contre son ami Freeman qui triomphait lourdement à chacune de nos défaites.

Je ne puis piétiner la France, maintenant qu'elle est renversée (1)... Le droit de la Lorraine à rester française ne fait pas l'ombre d'un doute. Mais vous, vous n'aimez la liberté que dans le passé et, pour le présent, votre haine de la France parle plus fort que votre amour pour la liberté (2).

Il s'était déjà expliqué plus longuement sur ce sujet. Dès le commencement de nos désastres, au moment où Freeman priait pour l'extermination de ceux qu'il appelait assez sottement les *Galwelsh.*

Comme Jeanne d'Arc, j'ai pitié de ce beau royaume de France... L. N. B. est parti et la France reste, vaine, ignorante, insupportable, si vous voulez, et cependant, pleine toujours d'une attraction infinie, pour moi, du moins. Il y a en elle un ressort, une élasticité, un « cœur léger » qui a ses bons côtés aussi, une gaîté, un enjouement dont l'Europe ne peut se passer (3).

N'est-ce pas toujours le même homme qui avait remarqué comment chez l'auteur des *Contes de Canterbury* « l'esprit français active le côté vif et fort du caractère national, adoucit son extravagance et tempère sa moralité un peu lourde » (4), le même homme

(1) P. 302.

(2) P. 263.

(3) P. 259.

(4) *Short history*, Trad. Monod, I, p. 251.

qui, sur toutes les questions d'art et de littérature, disait modestement qu'il faut se mettre à l'école du goût français (1).

Que nous voilà donc loin des inquiétudes religieuses que nous suivions tout à l'heure dans ses premières années d'âge mûr ! Vraiment quand on le voit aimer ainsi toute manifestation de vie, comprendre toute doctrine et se passionner pour des intérêts si divers, on se demande si dans cette nature, tournée avec tant d'intensité vers le dehors, le mysticisme a jamais été autre chose que l'excitation passagère d'un moment de ferveur et une des multiples expériences d'une souple intelligence, capable de goûter la poésie de chaque chose, et de se prêter tour à tour et tout entière à tous les objets de son attention.

Sans doute intelligence et sensibilité religieuse restent très vives chez lui, et il entre pleinement dans l'âme de Cœdmon, d'Anselme, de Morus et des prédicateurs du premier « réveil » (2). Son livre est même un de ceux où on peut le mieux suivre l'évolution du christianisme anglo-germanique, mais encore une fois cette histoire ne l'intéresse que par les fonds d'humanité plus tendre, plus exquise et plus exaltée qu'elle révèle et par ce que les compatriotes de Cœdmon, de Bunyan et de Wesley ajoutent de curieux et de pittoresque aux manifestations de la foi.

Il semble même — quoique à vrai dire, force nous soit ici de marcher en tâtonnant — il semble que Green ait poussé ce détachement, cette indifférence, plus loin que l'ensemble de ses amis de l'*Eglise large*. Chez lui, le divorce d'avec tout le passé anglican et biblique semble complet. Vous chercherez même en vain dans les lettres de la seconde partie de sa vie, une trace de cette phraséologie religieuse qui survit

(1) P. 284.

(2) Qu'on relise dans la *Short History* la jolie page sur Edmond Rich et ses fiançailles avec la Vierge, t. I, p. 155, 156.

si habituellemement en Angleterre à la perte de la foi.
Sans doute l'extrême logique le veut ainsi, mais on
connaîtrait mal l'*Eglise large* en se figurant qu'elle est
toujours logique avec elle-même. Enfants du siècle, ils
ont beau faire à l'incrédulité toutes les avances, ils
n'en restent pas moins anglais, c'est-à-dire hommes de
tradition et de respect, hommes de fidélité aux habitudes anciennes, façonnés au mysticisme par une éducation biblique et par la plus abondante des littératures
religieuses, gardant enfin au plus profond de leur être
je ne sais quel attrait mystérieux, et quelle docilité
curieuse et fervente à suivre la parole pour eux toujours nouvelle des pêcheurs de Galilée. Les plus
avancés parmi les *Broad-Churchmen*, plusieurs du
moins, gardent quelque chose de cette tendance en
dépit des plus généreuses concessions au rationalisme.
Le doyen Stanley a une piété à lui, élégante et pittoresque et un ancien de Balliol, M. Montefiore, écrivait, il y a quelques années, un article très documenté et
très convaincu sur la vie et l'influence religieuse de cet
excellent Jowet qui n'aurait pas pu dire lui-même s'il
croyait ou non à la divinité de Jésus-Christ. Rien de
semblable chez Green. Il semble avoir tout laissé de
la religion comme d'un vêtement d'enfance et la con-
sidérer dorénavant avec une curiosité respectueuse
comme une relique et un monument du passé. Il n'est
pas téméraire pourtant de croire que s'il en avait eu
le temps, cette première fougue de logique et d'indépendance tombée, il aurait retrouvé quelque chose de
la facilité anglicane à accepter les demi-lumières et à
se résigner aux compromis.

Je ne me tourmente plus, comme autrefois, de questions que
je ne puis résoudre... Mais une vie nouvelle apporte avec elle
de nouvelles espérances, de nouveaux désirs de foi, une foi
nouvelle que nous arriverons à connaître la vérité. Espérances
vagues et confuses, foi vague et confuse, mais maintenant *je
suis plus résigné que jadis dans le vague et le confus.* Je

vois maintenant que pour savoir il faut vivre, pour connaître
la vérité, vivre la vérité (1).

Cela a été écrit en mai 1877, au moment de son
mariage. Vers ce même temps, en envoyant sa démis-
sion à l'archevêque de Cantorbéry, il avouait que
cependant un peu de sa foi perdue semblait revenir.
« Bien que sur quelques points, disait-il encore, j'aie
commencé à voir plus clair dans mes ténèbres, pourtant je ne crois pas qu'il me reste quelque possibilité
de reprendre jamais ma vie cléricale (2). »
La mort vint interrompre ce travail intérieur que
ralentissait le surmenage imposé par tant d'autres
travaux, dans ces années pressées et fécondes. De sa
religion ancienne Green ne gardait que cette éléva-
tion et intensité morale dont à aucun moment de sa vie
nous ne le voyons se départir. Tout à l'heure nous
l'entendions définir la religion : « Le lien moral qui
donne à notre vie une unité d'action et de propos. »
Pour un *Broad-Churchman*, la définition qui nous
paraîtrait à nous si insuffisante est presque complète.
Morale et religion, ils ne s'inquiètent de savoir dans
quelle mesure ces deux éléments d'une vie meilleure
et pleinement humaine sont indépendants l'un de l'autre.
Ils les mêlent et les confondent dans la théorie et dans
l'action, voyant surtout dans les pratiques religieuses
un cadre tout tracé et sûr de perfection morale et
vivifiant la morale un peu froide des philosophes par
toute la poésie de la religion.
Chez Green, bien que ce cadre religieux soit presque voilé tout entier, la conception du devoir n'a rien
perdu de sa noblesse et de sa force. Dans ses livres la
préoccupation morale et sociale l'emporte sur toutes

(1) P. 465.

(2) P. 462.

les autres (1) et ses livres sont l'écho fidèle de toute sa
vie. Ecoutons-le encore une fois :

Rien de plus naturel que le sentiment de nos propres insuffi-
sances. A peine a-t-on saisi la réelle grandeur du travail de
ce monde que les efforts particuliers paraissent infimes et
méprisables. Puis on rencontre des intelligences et des tempé-
raments si au-dessus des nôtres qu'on renonce par une humilité
mal comprise à tout sentiment de concurrence avec de si nobles
travailleurs. Et puis dans le plus petit effort on est entravé à
chaque pas par des circonstances qui achèvent de nous décou-
rager et nous font désirer de tout laisser là.

L'essentiel, je crois, est de moins penser à nous et à ce que
nous sommes qu'au travail et à ce qu'il est pour nous. Le monde
marche non pas seulement par les ébranlements gigantesques
que lui impriment ces héros, mais par les milliers d'impercep-
tibles secousses données par chaque travailleur honnête... Les
circonstances nous aiguillonnent au moins autant qu'elles nous
retardent et dans la lutte quotidienne que nous leur livrons,
nous fortifions nos muscles pour le vrai combat de la vie.
Quant au sentiment de la supériorité des autres, c'est là une
joie pour tous ceux qui réellement travaillent pour le bien de tous.
Ce qu'ils ne peuvent eux-mêmes, ils se réjouissent de le voir
faire par d'autres. *Respice finem.* C'est la devise des vieux
moines. Regardez la fin, non pas la mort, mais le bien de
l'humanité ; non pas votre perfectionnement comme une fin en
soi, mais simplement comme un moyen de travailler au bien
de tous.

Quand on relit ces nobles paroles — et tant d'autres que j'aurais pu cueillir à chaque page de la correspondance — on revient avec une tristesse plus grande
à l'histoire héroïque et navrante des dernières semaines
de ce grand esprit et de ce grand cœur. Dès les premiers froids de l'automne 1881, Green se sauve, comme
toutes les années, vers les pays chauds. Les épreuves

---

(1) *He was above all a believer in social and moral forces, a preacher
and moralist.* » Edinburg, avril 1902.

de son livre : *La formation de l'Angleterre*, le suivent, l'atteignent comme elles peuvent au Caire, à Louqsor, à Capri, à Menton.

Sa pauvre femme cherche dans les bibliothèques de la Côte d'Azur, les indications nécessaires que son mari veut encore donner à quiconque s'adresse à lui. Quelques remarques d'un ami sur son dernier livre le plongent dans un découragement de six semaines. Puis, allègrement, il se remet au travail. Il dicte, il dicte à sa femme, car il ne peut souffrir d'autre secrétaire et voici que la crampe des écrivains paralyse cette main fidèle. Admirable de patience ingénieuse et de volonté, Mme Green se met à essayer d'écrire de la main gauche. Un jour qu'elle allait jeter au panier un pauvre brouillon où elle avait péniblement tracé quelques mots, son mari lui prend le papier des mains ; « toutes les fois que je me crois à bout de forces, dira-t-il ensuite, je regarde ce papier et je me remets au travail ! »

Encore quelques mois à Kensington pendant l'été de 1882. Bientôt on repart pour Menton. Le dernier hiver, l'agonie commence. A toute vitesse Green travaille à son livre sur la *Conquête de l'Angleterre*. Le livre presque achevé, il sent le besoin de quelques corrections importantes et fait mettre au pilon les quatre mille exemplaires déjà tirés. Un matin de janvier, il se lève avec un regain subit de force. Il fait approcher une table de sa chaise longue et récrit, de verve, plusieurs pages du premier chapitre. Ce fut son dernier travail. « Je ne puis plus rien maintenant. » Et cependant le 25 février, quand sa femme lui annonce que la fin est proche. « C'est gentil de me le dire ainsi, lui répond-il, mais j'ai encore à mettre dans mon livre quelque chose qui en vaut la peine. Je puis faire encore un peu de bonne besogne et je vais lutter en conséquence. Donnez-moi des potions endormantes, tant pis si après huit jours elles n'ont plus d'effet sur moi (1)... »

(1) Il mourut le 7 mars 1883.

S'est-il rappelé à ce moment-là la jolie page qu'il écrivait jadis sur le grand ancêtre des historiens d'Angleterre ?

Tandis que Bede chantait ainsi, les larmes remplissaient les yeux de ses élèves. « Jamais nous ne lisions sans pleurer, » a écrit l'un d'eux. On approchait de l'Ascension. Bede désirait terminer sa traduction de l'Evangile selon saint Jean et des extraits de l'évêque Isidore. « Je ne veux pas que mes élèves lisent des erreurs ou travaillent inutilement quand je m'en serai allé, » disait-il à ceux qui le suppliaient de se reposer. Peu de temps avant l'Ascension, le mal s'aggrava, et malgré cela il passa encore une journée à enseigner, répétant seulement avec calme à ses élèves : « Apprenez aussi vite que vous le pouvez, car je ne sais pas combien de temps j'ai encore à rester avec vous. » Une nouvelle nuit s'écoula sans sommeil... Le soir arriva au milieu des larmes et des adieux. « Cher maître, dit le jeune scribe, il y a encore une phrase qui n'est pas écrite. — Ecris-la vite, reprit alors le vieillard mourant. — Tout est achevé maintenant, dit enfin le petit scribe. — Tu dis vrai, répondit le maître, tout est fini maintenant. » Etendu sur le plancher, la tête soutenue par ses élèves, et le visage tourné vers l'endroit où il avait eu l'habitude de prier, Bede se mit à chanter l'hymne solennel « Gloire à Dieu » ; comme il terminait le cantique, il s'éteignit doucement.

Pauvre cher maître, pauvre « Johnnie », comme disaient familièrement le bon évêque Stubbs et le grave Freeman, tantôt pour vous mieux connaître nous évoquions l'image de Chaucer, et maintenant votre lit de mort nous ramène au pieux souvenir d'un vieux moine. Des *Contes de Canterbury* au « Gloire à Dieu » de Bede mourant, pour nous, Français, la distance paraît longue, mais tout cela se fond harmonieusement en votre nature souriante et grave, légère et profonde, en votre âme restée chrétienne parmi les ruines de sa foi première et qui ne fut peut-être « hellénique » que dans la mesure où l'hellénisme lui-même — notre hellénisme à nous qui avons vécu de l'Evangile — est chrétien.

TABLE DES MATIÈRES

422-06. — Imp. des Orph.-Appr., F. Blétit, 40, rue La Fontaine, Paris.

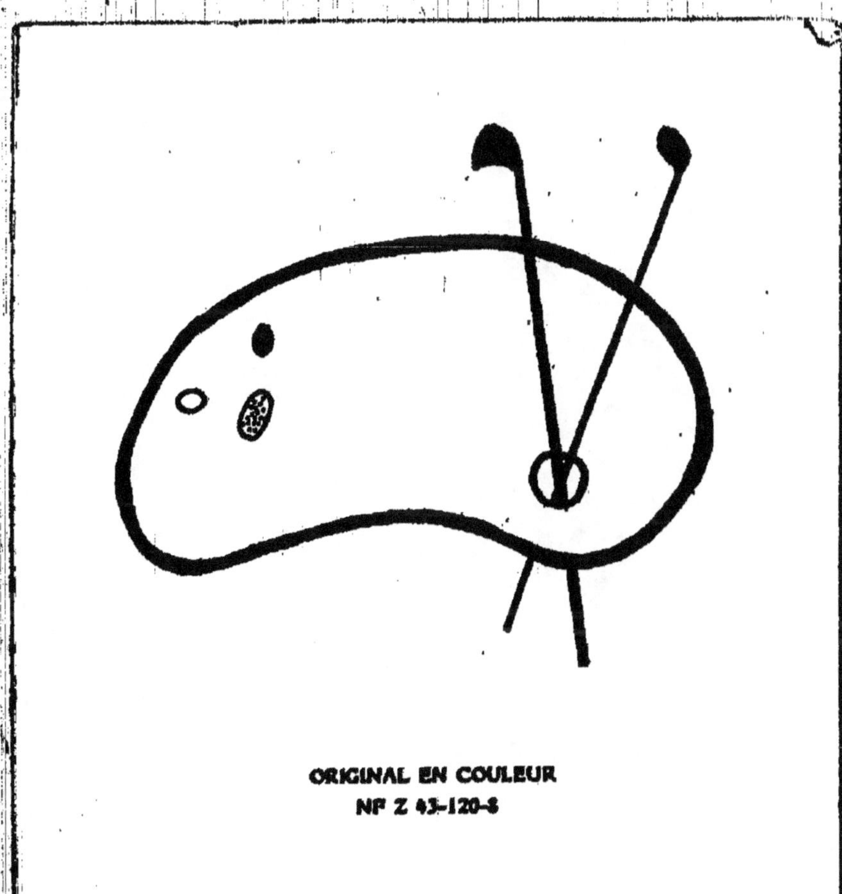
ORIGINAL EN COULEUR
NF Z 43-120-8

www.ingramcontent.com/pod-product-compliance
Lightning Source LLC
Chambersburg PA
CBHW051131050726
47594CB00003B/1046